Freud e o teste de realidade

Patrícia Porchat

Freud e o teste de realidade

FAPESP

Casa do Psicólogo®

1ª edição
2005

Editores
Ingo Bernd Güntert e Myriam Chinalli

Assistente Editorial
Sheila Cardoso da Silva

Produção Gráfica & Editoração Eletrônica
Renata Vieira Nunes

Capa
Tadeu Knudsen

Revisão
Christiane Gradvohl Colas

Dados Internacionais de Catalogação na Publicação (CIP)
(Câmara Brasileira do Livro, SP, Brasil)

Porchat, Patrícia
Freud e o teste de realidade / Patrícia Porchat. – São Paulo : Casa do Psicólogo®: FAPESP, 2005.

Bibliografia.
ISBN 85-7396-375-1

1. Freud, Sigmund, 1856-1939 – Psicologia 2. Psicanálise 3. Realidade 4. Inconsciente I. Título

05-2817 CDD-150.1952

Índices para catálogo sistemático:
1. Realidade e fantasia: Psicanálise freudina: Psicologia 150.1952

Impresso no Brasil
Printed in Brazil

Casa do Psicólogo® Livraria e Editora Ltda.
Rua Mourato Coelho, 1.059 – Vila Madalena – 05417-011 – São Paulo/SP – Brasil
Tel./Fax: (11) 3034.3600 – E-mail: casadopsicologo@casadopsicologo.com.br
http://www.casadopsicologo.com.br

Para Porchat, Ieda, Ana, Júlia e Tadeu.

Agradecimentos

Gostaria de agradecer a meu pai, que me introduziu no mundo das letras, das idéias, da lógica e da academia, e que acompanhou com carinho e dedicação a pesquisa que deu origem a este livro.

Ao Prof. Dr. Nelson Coelho Junior, pela disponibilidade, cumplicidade e pelas importantes contribuições em seu ofício de orientador. Ao Profs. Drs. Luis Cláudio Figueiredo e Ana Maria Loffredo, pelo cuidado com que leram meu trabalho e pelas sugestões por ocasião do exame de qualificação e da defesa.

Sou especialmente grata à Dominique Fingermann, por escutar o que me parecia indizível nessa pesquisa. À Ieda e à Nazaré, fiéis torcedoras dos desafios acadêmicos que enfrento. Ao Tadeu Knudsen, pela realização da capa deste livro. À Ana e à Júlia, por trazerem alegria nos intervalos entre um e outro mergulho nas águas profundas da metapsicologia freudiana. Aos amigos Cláudia, Luiz Henrique, Marta e Fernando, Lígia e Laurent, Plínio, Inês, Marquinhos e Dinah, que de uma forma ou de outra, compartilharam momentos importantes na realização deste trabalho.

Ao CNPq, pela bolsa de estudos que me foi concedida.

À Fapesp, pelo auxílio financeiro na publicação deste livro.

Sumário

Prefácio

Uma das primeiras formulações sobre os limites tênues que separam nossa experiência da realidade de nossa experiência da fantasia e do sonho é creditada a Chung Tzú, pensador chinês que pertence ao período entre o quarto e o terceiro século antes da era cristã:

> *"Certa vez, eu, Chuang Tzú, sonhei que era uma borboleta, voando por aqui e por lá; era, para todas as intenções e propósitos, uma borboleta. Eu tinha consciência apenas de minhas experiências como uma borboleta e estava inconsciente de minha individualidade como um homem. Repentinamente acordo e, ali deitado, reconheço novamente a mim mesmo. Mas, agora, já não sei se sou um homem sonhando que era uma borboleta ou se sou uma borboleta sonhando que é um homem."*
>
> Chuang Tzú, *Taoist Philosopher and Chinese Mystic,* London: Mandala Books,1980, p. 47

Assim como vários outros fragmentos do pensamento taoista chinês, essa passagem de Chuang-Tzú favorece a possibilidade de diferentes interpretações. Nunca foram raras aquelas em que a tensão entre realidade e fantasia é muito rapidamente reduzida a proposições relativistas extremas (recentemente acompanhadas de sotaques neo-pragmáticos e construtivistas). Com essas interpretações, acabam soterradas possibilidades compreensivas que permitiriam com que se mantivesse viva a potência paradoxal e desconcertante imposta pelo fragmento. É assim que, muitas vezes, se impede com que as questões inevitáveis suscitadas pelo texto de Chuang Tzú fiquem em aberto: Como ter certeza de que o que percebo é real? Como ter garantias de que minhas sensações e meu pensamento não me enganam? E, no extremo, como ter certeza de que sonhei e acordei? Indo além, essas certezas são necessárias? São elas que diferenciam, por exemplo, estados de saúde mental de estados patológicos? Longe de pertencer somente ao campo das discussões metafísicas e estéticas ou à dimensão das brincadeiras infantis em que movimentos sutis fazem com que um objeto possa oscilar entre os campos da realidade e da fantasia, as reflexões sobre o que torna algo real ou fantasioso, em nossa experiência cotidiana, ocupam lugar central nas investigações clínicas da psicanálise, desde os primeiros escritos de Freud. Conceitos como *teste de realidade, signo de realidade, perda de realidade, sentido de realidade*, para citar apenas os principais, constituíram-se como eixos fundamentais da teorização psicanalítica.

Mas o legado freudiano tampouco transformou este tema em um conjunto de questões de interesse apenas acadêmico. Como se pode constatar pela grande bibliografia recente dedicada à dimensão psicopatológica e clínica, o tema da diferenciação entre fantasia e realidade e as discussões em torno do conceito freudiano de teste de realidade estão no centro dos debates que envolvem os estudos dos quadros de pacientes *borderline* em sua diferenciação dos quadros de neurose e psicose. O que para Freud resolvia-se na oposição entre neurose e psicose, com essa última definida por sua característica de "perda de realidade", passa a ganhar contornos mais sutis e não menos problemáticos. A começar pelos autores da década de 50 e 60, que propunham que a diferenciação entre os pacientes psicóticos e os *borderline* se dá, fundamentalmente, pela capacidade desses últimos de realizarem o teste de realidade. Prossegue com os questionamentos feitos à proposição freudiana sobre as psicoses, levando autores como o psicanalista francês Maurice Dayan (1985, *Les relations au réel dans la psychose*) a afirmar que nas psicoses a relação com o real não é necessariamente de "perda". Recusando uma concepção objetivista da realidade, aquela que entende ser a de Freud, Dayan sugere um real constituído nas encruzilhadas do possível com o impossível, com o qual os psicóticos estabelecem uma relação dolorosa e pouco provável. Acima de tudo, Dayan recusa a idéia de que há uma perda da realidade entre os psicóticos, nos moldes da proposição freudiana. Já quanto aos quadros *borderline*, reconheceu-se, nas duas últimas décadas, que se de fato esses pacientes chegam a realizar "testes de realidade", diferenciando fantasia de realidade, em geral não chegam a se beneficiar disso. Ou seja, não viabilizam um maior aprendizado a partir da experiência, necessitando a cada nova situação de outro teste de realidade e da confirmação externa (feita por outros, como, por exemplo, o analista) de que a diferenciação estabelecida configura-se de fato como a mais adequada. Até porque, parece ser característico desses quadros uma discriminação sempre insuficiente entre fantasia e realidade ou entre mundo interno e mundo externo, exigindo um trabalho que precisa ser feito e refeito. Contudo, se considerarmos os psiquismos assim chamados saudáveis, não se deve pensar que tais discriminações ocorrem de forma plena e definitiva. Como bem aponta Luis Cláudio Figueiredo, em texto recente ("Os casos-limite: senso, teste e processamento de realidade", *Revista Brasileira de Psicanálise*), essa é uma das razões para se falar preferencialmente em "processamento de realidade" e não apenas em "teste de realidade", indicando um trabalho psíquico sempre em andamento e nunca plenamente realizado. Mas afinal, o que é que Freud pretendia com a formulação do conceito de "teste de realidade"?

O livro de Patricia Porchat, originalmente uma dissertação de mestrado defendida no Instituto de Psicologia da USP, enfoca precisamente o conceito freudiano de teste de realidade. De forma original e muito rigorosa, enfrenta os diferentes desafios vinculados ao conceito, tais como propostos por Freud em sua obra. Acompanhando passo a passo a proposição do teste de realidade (utilizado por Freud pela primeira vez em 1911, mas que tem suas origens nos textos de 1895) e de suas articulações com outros conceitos no conjunto da teoria, o trabalho de Patricia Porchat é uma ferramenta preciosa de pesquisa para todos os que se dedicam ao estudo do pensamento de Freud. No primeiro capítulo já se pode entrever a principal tese de Patricia: há na obra de Freud uma teoria coerente do teste de realidade, posição que contraria a opinião de comentadores que a antecederam. A demonstração dessa tese ocorrerá nos capítulos que se seguem, nos quais se opera uma verdadeira análise do conceito, análise em seu sentido original, como na química: decomposição de um todo em suas partes constituintes. O teste de realidade exige, em sua realização, a funcionalidade de diferentes elementos, sem os quais a necessária diferenciação entre realidade e fantasia não se tornaria efetiva. Os elementos em jogo (inibição, atenção, julgamento, pensamento e ação motora) ganham vida, nesse livro, por meio de um trabalho preciso e muito bem articulado. Com um texto ágil e cuidadosamente construído, Patricia enfrenta a aridez aparente dessas noções "psicológicas" que se infiltram na obra freudiana, oferecendo ao leitor um panorama de certa forma inusitado. Aliás, mais do que inusitado para aqueles que não costumam se lembrar que, ao lado de sua concepção do inconsciente, Freud formulou também uma noção de ego e outra da consciência e de suas funções.

Por detrás das dúvidas, das certezas, das oscilações e da grande capacidade de Freud em construir teorias sobre os processos psíquicos, vislumbra-se a vida dos inúmeros pacientes que estiveram na origem de cada uma de suas proposições. São também os conflitos, os dramas, as esperanças, os sonhos e a realidade de nossas vidas que continuam a oferecer o solo para cada uma das teorizações que continuamos a produzir em psicanálise. O livro de Patricia Porchat é uma bem-vinda contribuição para os esforços continuados em compreender talvez a mais fundamental das oposições que fazem parte de nosso dia a dia, aquela entre sonho e vida desperta, entre fantasia e realidade. Boa leitura.

NELSON COELHO JUNIOR
Instituto de Psicologia – USP
São Paulo, setembro de 2004.

Introdução

Este livro é fruto de um trabalho de dissertação de mestrado, realizado no período de 1998 a 2001, no Instituto de Psicologia da USP, sob a orientação do Prof. Dr. Nelson Coelho Junior. O leitor encontrará a seguir o texto original da dissertação com poucas modificações. Trata-se de uma linguagem acadêmica que optamos por manter, tendo em vista as características do trabalho desenvolvido. Não cremos, entretanto, que isso represente um obstáculo maior para a compreensão dos problemas abordados.

O tema desta pesquisa foi sugerido pela leitura da nota introdutória ao artigo de Freud de 1917 intitulado *Suplemento Metapsicológico à Teoria dos Sonhos*, escrita por James Strachey[1]. Nela, Strachey indica a permanência de uma questão em toda a obra de Freud – trata-se do "*problema da alucinação e numa investigação do modo como, em nosso estado normal, somos capazes de distinguir entre a fantasia e a realidade*".[2] Segundo ele, Freud se teria ocupado dessa questão desde o *Projeto para uma Psicologia* de 1895, até o *Esboço de*

[1] James Strachey é conhecido por seu trabalho de edição e tradução dos 23 volumes que compõem a *Standard Edition of the Collected Psychological Works of Sigmund Freud* e foi, juntamente com sua esposa Alix Strachey, paciente de Freud em Viena de 1920 a 1922.

[2] ESB XIV, p. 249.

Psicanálise de 1938, invocando diversos mecanismos para auxiliar no desempenho da distinção entre mundo interno e mundo externo.

Nosso projeto inicial era abordar esse tema dividindo-o em três partes: um estudo sobre a percepção, um estudo sobre a realidade e um estudo sobre os mecanismos psíquicos que efetuam a distinção entre fantasia e realidade. Depois de algum tempo – cerca de um ano e meio – de dedicação a esse projeto inicial, constatamos que ele exigiria bem mais tempo do que então dispúnhamos. Optamos por reduzir nosso trabalho a uma investigação sobre os mecanismos, citados por Strachey, que auxiliam na distinção entre mundo interno e mundo externo. Mas Strachey adotou uma terminologia a nosso ver inadequada, falando de "fantasia" e "realidade", e nós optamos pelo uso dos conceitos de "mundo interno" e "mundo externo". Acreditamos que a leitura do artigo *Suplemento Metapsicológico à Teoria dos Sonhos* nos autoriza a fazer essa substituição. Retomaremos essa questão adiante.

A partir da leitura de alguns textos de Freud, percebemos que os mecanismos que auxiliam na distinção entre mundo interno e mundo externo e que surgem no *Projeto para uma Psicologia* reaparecem em textos posteriores, por vezes são esmiuçados, sofrem os reveses próprios de uma obra teórica extensa, mas ainda assim parecem ser passíveis de um agrupamento sob o termo genérico "teste de realidade". Elegemos o teste de realidade como tema de nossa pesquisa.

Um feliz e casual "encontro" com um artigo de Hurvich[3], de 1970, nos assegurou quanto à possibilidade de se pensar no teste de realidade como abrangendo diversos elementos. Hurvich tira essa conclusão a partir de algumas afirmações feitas por Freud ao longo de sua obra. No entanto, seu objetivo principal naquele artigo é traçar o percurso do conceito de teste de realidade na psicanálise pós-freudiana. Percebe-se, pela leitura do artigo, que os trabalhos reali-

[3] Hurvich, M., "On the concept of reality testing", *International Journal of Psychoanalysis*, v. 51, p. 299-312, 1970.

zados pela maioria dos psicanalistas citados por Hurvich não se detêm sobre o teste de realidade em Freud, procurando compreendê-lo melhor, mas, sim, expandem o seu significado e criam subdivisões, ou buscam apenas entender seu funcionamento conforme diferentes situações nas quais se encontra o indivíduo que se serve do teste.

Mais recentemente, em 1996, Abend *et al.*[4] apontam para o mesmo caminho. Trata-se de uma coletânea de artigos, editada por psicanalistas americanos, sobre o papel da realidade na teoria e na técnica psicanalíticas. Nela encontram-se reunidos artigos da década de 40 à década de 80. Dois artigos abordam diretamente o teste de realidade mas, novamente, se chegam a utilizar este conceito a partir de Freud, não se propõem, no entanto, a explorá-lo ao longo de sua obra.

Laplanche e Pontalis[5], no *Vocabulário de Psicanálise*, originalmente publicado em 1967, afirmam a inexistência de uma teoria coerente em Freud sobre o teste de realidade. Acreditam que Freud, ao usar este conceito, confunde duas funções: a de distinção entre o mundo interno e o mundo externo e a de comparar percepção e representação de modo a retificar as deformações que esta última apresente. Para estes autores, Freud jamais explicitou a diferença entre estas duas funções, dando margem à confusão que existe no uso contemporâneo da noção de teste de realidade. Se considerado o teste de realidade em sua função retificadora e corretora das deformações sofridas pelo objeto percepcionado, poderíamos ser levados a considerar a realidade como aquilo que mede, põe à prova, avalia o grau de realismo dos desejos e das fantasias. Isso nos conduziria à concepção de uma psicanálise "corretora", que reduz aquilo que o mundo interno apresentaria de "irreal".

Cremos ser esta uma interpretação equivocada. A psicanálise não pretende estar direcionada precipuamente para assegurar o "bom"

[4] Abend, S., et al., *The place of reality in psychoanalytic theory and technique*, 1996.
[5] Laplanche, J.; Pontalis, J-B. *Vocabulário de Psicanálise*, verbete "Princípio de Realidade", p. 473, 1986.

funcionamento do teste de realidade num determinado sujeito, para adaptar o sujeito a seu entorno. Não cremos que a compreensão da função retificadora do teste de realidade possua realmente este significado, como teremos a oportunidade de discutir mais adiante, no capítulo quatro.

Estamos ainda em desacordo com Laplanche e Pontalis quanto à inexistência de uma teoria coerente sobre o teste de realidade. Em nossa pesquisa pretendemos mostrar que é possível obter uma apreensão razoavelmente organizada desse conceito através da leitura de diversos textos freudianos.

Para o propósito desta pesquisa, James Strachey foi com certeza o melhor comentador do teste de realidade. Além de suas inúmeras indicações quanto aos textos de Freud em que poderiam se encontrar referências a este conceito, suas opiniões serviram tanto para desenvolver questões quanto para criticar posições relativas ao teste de realidade e aos elementos que o compõem.

Definimos com objetivo primordial de nossa pesquisa realizar um exame do conceito de teste de realidade na obra de Freud. Esse exame tem como finalidade averiguar as condições de seu surgimento no bebê e as condições em que ele atua ou deixa de atuar no indivíduo adulto. Faz parte ainda de nosso objetivo descrever os elementos que o compõem, explorar o funcionamento desses elementos e verificar sua variação conforme as mudanças teóricas realizadas por Freud.

Para atingir esses objetivos procedemos da seguinte maneira: realizamos primeiramente um levantamento de todas as referências ao teste de realidade nos textos de Freud. Em segundo lugar, selecionamos os principais textos em que o conceito aparece. São eles: o *Projeto para uma Psicologia,* de 1895; *A Interpretação dos Sonhos,* de 1900*; Formulações sobre os Dois Princípios do Funcionamento Mental,* de 1911; *Suplemento Metapsicológico à Teoria dos Sonhos,* de 1917; *Psicologia de Grupo e Análise do Ego,* de 1921; *O Bloco Mágico,* de 1924; *A negativa,* de 1925; e *Esboço de Psicanálise, de* 1938. A partir desses textos, extraímos cinco elementos que compõem o teste de realidade e que, a nosso ver, são os elementos que operam no indivíduo adulto. São eles: inibição, atenção, julgamento, pensamento e ação motora. Por último, exploramos cada um desses elementos em particular, mostrando suas raízes, seu desenvolvimento e sua interação com os demais.

Ao final de nosso trabalho, chegamos à conclusão de que existe coerência no conceito de teste de realidade e de que é possível abarcá-lo a partir de seus diversos elementos. Por vezes, Freud o apresenta de maneira que o leitor pode acreditar ser confusa, por não estar clara a diferença entre um teste de realidade no momento de seu surgimento pela primeira vez e um teste de realidade que opera no indivíduo adulto. Mas acreditamos que, a partir de uma leitura rigorosa, tomando como referência os textos que selecionamos, essa distinção se torna possível. Por fim, constatamos que Freud deixa evidente que, apesar de o teste de realidade operar em inúmeras situações de modo a permitir a distinção entre mundo interno e mundo externo, sua eficácia não é garantida para toda e qualquer situação. Muitos fatores ligados ao próprio desenvolvimento do ego, além de alguns mecanismos patológicos, inibem durante maior ou menor lapso de tempo o seu funcionamento.

Gostaríamos de fazer um esclarecimento a respeito dos conceitos de fantasia e realidade, que são bastante complexos em Freud e que são reconhecidamente fundamentais para a compreensão da obra freudiana. Em nossa pesquisa eles cederão lugar, respectivamente, aos conceitos de mundo interno e mundo externo. É a oposição entre esses dois conceitos que Freud enfatiza no *Suplemento Metapsicológico para a Teoria dos Sonhos*, artigo para o qual Strachey escreveu a nota introdutória que contém a idéia que tomamos como ponto de partida de nossa pesquisa.[6]

---

[6] Cf. ESB XIV, p. 262. Diz Freud: "*... como sabemos, somos capazes de distinguir as realidades de idéias e desejos, por mais intensos que possam ser.*" E ainda: "*...tenhamos ainda em mente a importância prática de distinguir as percepções das idéias, por mais intensamente que sejam recordadas. Toda a nossa relação com o mundo exterior, com a realidade, depende de nossa capacidade nesse sentido.*"

O conceito de realidade, em nossa pesquisa, diz respeito à realidade externa e objetiva, acessada pelos órgãos dos sentidos e pela percepção. O conceito de fantasia se refere às idéias e aos desejos, e é nesse sentido que usamos o termo "mundo interno". A mesma relação entre "externo" e "interno" pode ser observada na referência que Strachey faz à função de inibição e retardo (realizado pelo processo de pensamento) no *Projeto para uma Psicologia*. Trata-se de proporcionar uma distinção entre uma idéia (representação) e uma percepção, ou seja, entre uma informação que vem de dentro e uma que vem de fora.

Temos conhecimento de que as noções de fantasia e de realidade ganham volume na obra de Freud, principalmente depois do *Projeto para uma Psicologia*, onde se encontram as raízes do conceito de teste de realidade. A noção de realidade é ampliada muito cedo na obra de Freud, quando aparece um questionamento relativo às possíveis marcas, no inconsciente, dos fatos ocorridos no mundo externo.[7] Freud oscilará ao longo de sua obra entre duas posições: a) conferir realidade à fantasia " que Freud chamará de "realidade psíquica" – e com isso não se importar em saber se o material psíquico corresponde ou não à realidade externa[8]; b) acreditar na existência de provas reais, no inconsciente, daquilo que se passou na realidade externa, perseguindo suas pistas em sonhos e fantasias[9]. Trata-se, nesses casos, de saber sobre a correspondência das lembranças a uma realidade vivida anteriormente. Freud não está aí questionando a realidade que se apresenta à percepção a cada momento.

No entanto, mesmo ela é questionada, ao menos por Laplanche. Para ele, haveria no *Projeto para uma Psicologia*, um dos textos fundamentais para se pensar o teste de realidade, um "realismo de base", um realismo ingênuo, na medida em que o indivíduo percebe

---

[7] Por exemplo, no momento em que Freud abandona a teoria da sedução em 1897, por não ser possível distinguir entre verdade ou fantasia nas cenas sexuais "lembradas" pelas histéricas.

[8] Cf. capítulo VII de *A Interpretação dos sonhos*, ESB, v. V.

[9] Cf. "O Homem dos Lobos" ou *História de uma neurose infantil,* ESB, v. XVII.

diretamente a realidade e possui um signo para reconhecê-la.[10] Numa perspectiva mais geral da psicanálise, a noção de realidade apresentada no *Projeto* seria criticável. Laplanche e Pontalis[11] apontam para a idéia de que o acesso à realidade não deveria se reduzir a uma distinção entre o irreal e o real, já que a própria noção de realidade seria discutível a partir da idéia de uma "realidade psíquica".

Concordamos, então, que a noção de realidade se amplia ao longo da obra de Freud e que também podemos certamente falar de realidade psíquica. Mas sustentamos, ainda assim, que Freud mantém até o final de sua obra a idéia de que existe um "mundo externo" – por ele também denominado realidade –, de que existe um teste de realidade e de que esse teste permite discriminar entre os estímulos vindos do mundo externo e os originados no mundo interno.

Já o conceito de fantasia, em Freud, refere-se à idéia de uma realização de um desejo que, como dizem Laplanche e Pontalis[12], é, em última análise, inconsciente. É uma cena imaginária da qual o sujeito participa e que comporta a realização de um desejo. Na obra de Freud a fantasia aparece ora como sonho diurno (fantasia consciente), ora como estrutura subjacente a um conteúdo manifesto (fantasia inconsciente), ou como protofantasias (fantasias típicas e universais). Avançando na obra de Freud, é possível vislumbrar uma ampliação do conceito de fantasia. A fantasia, ou melhor, a *fantasmática*[13] de um indivíduo seria responsável pelos sonhos, pelos sintomas, pelo agir, pelos comportamentos repetitivos, por todo o dinamismo do indivíduo. Ela modela e estrutura o conjunto da vida do indivíduo.

Gostaríamos de fazer ainda um comentário sobre o *Projeto para uma Psicologia*[14], pois esse texto pode ser considerado o berço dos mecanismos de distinção entre "mundo interno" e "mundo

---

[10] Laplanche, J., *Vida e Morte em Psicanálise*, p. 65, 1985.

[11] Laplanche, J.; Pontalis J. - B., *Vocabulário de Psicanálise*, verbete "*Princípio de Realidade*", p. 470, 1986.

[12] Laplanche, J.; Pontalis, J. - B., *Op. cit.*, p. 228.

[13] *Ibidem*, p. 232.

[14] Daqui por diante, apenas *Projeto*.

externo". É a partir do modelo de aparelho psíquico proposto no *Projeto* que surgem os mecanismos de inibição, atenção, julgamento, pensamento e ação motora. No *Projeto,* Freud não havia reconhecido ainda a sexualidade infantil. A sexualidade de que trata o *Projeto* é a sexualidade neurótica. Não há lugar para a noção de fantasia e nem para os instintos inconscientes, no sentido em que mais tarde foram atribuídos ao id. Não se concebe ainda prazer na neurose e repressão do desejo. O aparelho psíquico segue um pouco o modelo do arco reflexo. Pode-se dizer que se trata de uma descrição defensiva da mente. Atribui-se importância primordial ao impacto dos estímulos externos sobre o organismo e à sua reação a eles. Existem forças internas, concebidas como excitações endógenas, mas elas têm como modelo a fome. Segundo Strachey[15], a teorização que aparece no *Projeto* acerca das excitações endógenas restringe-se às ações defensivas exercidas contra elas, como o mecanismo de inibição e retardo. Esses mecanismos têm como objetivo impedir a alucinação da satisfação e o desprazer que advém daí. Tampouco o ego que aparece no *Projeto*, principal executor dos mecanismos defensivos, pode ser comparado ao ego que se constitui por identificações sucessivas, como aparece por volta de 1920. Estando conscientes das diferenças que existem entre o modelo de aparelho psíquico proposto no *Projeto* e os modelos que aparecem posteriormente, veremos, no decorrer da dissertação, em que medida elas interferem ou não na formulação do teste de realidade.

O livro se divide em quatro capítulos centrais, além da introdução e da conclusão. O capítulo um traça um histórico do teste de realidade na obra de Freud e busca defini-lo. São examinados sete textos que abrangem o período de 1895 a 1938. Mostramos o surgimento do termo "teste de realidade" pela primeira vez em Freud e localizamos as raízes dos elementos que o compõem. Distingui-

[15] ESB I, p. 391.

mos as condições do surgimento do teste de realidade das condições de seu funcionamento no indivíduo adulto. Para facilitar a compreensão desses dois momentos, optamos por apresentar de modo sucinto o desenvolvimento do conceito de ego em Freud, tendo em vista que o teste de realidade é um mecanismo egóico. Distinguimos, por último, algumas das situações que impedem o funcionamento do teste de realidade.

O capítulo dois aborda o primeiro dos elementos que compõem o teste de realidade, ou seja, a função de inibição. Apresentamos um resumo básico dos pressupostos teóricos presentes no texto do *Projeto*, pois é nele que surge pela primeira vez essa função. Mostramos como é essa a função que permite a ocorrência dos demais elementos que compõem o teste de realidade. Mostramos, ainda, como ela é apresentada em *A Interpretação dos Sonhos*, como parte de um modelo diferente de aparelho psíquico. Por último, mencionamos situações que não permitem a atuação dessa função.

O capítulo três trata do mecanismo de atenção. Examinamos sua função de exploração do mundo externo e a divisão entre uma atenção voltada à percepção e uma atenção voltada aos pensamentos. Discutimos a localização da atenção no aparelho psíquico, seu papel na transformação de energia livre em energia ligada e sua íntima conexão com a percepção e com a consciência. As mudanças relativas a esses dois conceitos na obra de Freud nos levaram a apresentar um pequeno resumo da relação entre eles e a verificar as conseqüências dessas alterações para o teste de realidade. Examinamos ainda a relação entre a atenção e a percepção ativa.

O capítulo quatro examina a função de julgamento, o processo de pensamento e a ação motora – esta como derradeiro elemento do teste de realidade. A análise do julgamento é dividida em três partes, de acordo com diferentes aspectos seus: dizer "não", decompor e comparar. O pensamento é visto sob o aspecto de retardo ou adiamento da descarga e de ação experimental e, nesses aspectos, distingue-se o processo primário do processo secundário. E, por último, vemos como a ação motora nasce como uma forma de descarga imediata da excitação e se transforma numa ação controlada que visa à modificação da realidade. Vemos também como Freud a apresenta, em conexão com o desenvolvimento do aparelho psíquico, como um dispositivo que tem domínio sobre as excitações externas, em contraposição aos estímulos internos, que ela não pode suprimir.

Na Conclusão fazemos um retrospecto de toda a pesquisa e abordamos também uma possível e importante objeção que poderia ser feita à tese central de nosso trabalho.

Em relação à tradução do vocabulário de Freud, de modo geral nos guiamos pela Edição Standard Brasileira das Obras Completas de Sigmund Freud. A expressão original *Realitätsprüfung* foi traduzida por "teste de realidade" em quase todos os textos dessa edição, com exceção de um ou outro, em que aparece como "verificação da realidade". Recorrendo à edição alemã *Studiensausgabe*, vemos tratar-se da mesma *Realitätsprüfung*. Optamos por uma padronização. O mesmo fizemos ao nos referir a Laplanche e Pontalis, que utilizam o termo *épreuve de réalité*, traduzido em português como "prova de realidade". Quando nos referirmos a eles, usaremos "teste de realidade". Os americanos usam *reality-testing*. Não acreditamos que seja relevante a diferença ente "prova" ou "teste" para a compreensão desse conceito. Nesse sentido, nos limitamos ao uso mais comum na tradução brasileira.

Para ler o *Projeto para uma Psicologia*, usamos a tradução de Osmyr Faria Gabbi Jr., acompanhada de suas notas críticas ao texto.

---

[16] Optamos por usar "ego" e não "eu" para o *Ich* de Freud para sermos coerentes com o fato de nos utilizarmos dos comentários de Strachey como ponto inicial de nossa investigação. A *Standard Edition* consagrou a adoção de "ego" para o *Ich*. Segundo Menezes, L. C., (*apud* Souza, P. C. 1998), as formas "eu", "isso" e "super-eu" tiveram uma grande difusão no meio psicanalítico, o que tornaria indiferente a escolha de "ego" ou "eu". Manteremos "eu" apenas quando se tratar da transcrição de uma citação em que o próprio autor/tradutor escolheu "eu".

Nessa tradução, encontramos "eu" no lugar de "ego"[16] e "ocupação" no lugar de "catexia".[17]

Todas as citações são feitas com referência à *Edição Standard*, mas tomamos a liberdade de modificá-las – conforme a necessidade de uma melhor compreensão do texto – a partir do original em alemão da edição *Studiensausgabe*.

[17] Os termos "ocupação" e "catexia" são usados para traduzir *Besetzung*. Segundo Hanns (1996), este termo, em alemão, "*...evoca a imagem de um espalhamento que preenche, ocupa e bloqueia os espaços*." (p. 89) Em português encontramos habitualmente "catexia" e "investimento", mas nenhum dos dois traduz perfeitamente o termo em alemão. Strachey optou por utilizar a palavra "catexia". Sobre essa escolha, cf. Souza, P.C. (1998), p. 95-107. Conforme o procedimento que adotamos em relação ao "eu", manteremos "ocupação" apenas quando se tratar da transcrição de uma citação em que o próprio autor/tradutor escolheu "ocupação".

Teste de realidade

Para apresentar o conceito de teste de realidade, optamos por fazer um percurso histórico na obra de Freud. Escolhemos sete textos, dos quais cinco abordam diretamente esse conceito. São eles: *Formulações sobre os Dois Princípios do Funcionamento Mental*, de 1911; *Suplemento Metapsicológico à Teoria dos Sonhos*, de 1917; *Psicologia de Grupo e Análise do Ego,* de 1921; *A negativa,* de 1925; e *Esboço de Psicanálise,* de1938. Os outros dois, *Projeto de uma Psicologia,* de 1895, e *A Interpretação dos Sonhos,* de 1900, são anteriores ao uso do termo "teste de realidade" por Freud, mas pretendemos mostrar que a função que o teste de realidade descreve já lá se encontra.

O problema da discriminação entre mundo externo e mundo interno surge pela primeira vez no *Projeto* quando Freud precisa explicar como o aparelho psíquico diferencia o que é realidade daquilo que quer se dar como realidade, vindo do interior do psiquismo[18]. É nesse sentido que o *Projeto* contém as raízes do conceito de teste de realidade. O teste de realidade em sua totalidade está lá, embora não apareça com esse nome.

[18] Isso será explicado em detalhes no capítulo 2.

Os textos que trabalharemos ao longo desse capítulo podem ser considerados como pertencentes à metapsicologia freudiana. "Metapsicologia" é um termo inventado por Freud para designar o conjunto de seus textos que apresentam explicações dos processos psíquicos considerando os aspectos dinâmico, tópico e econômico. Nesses textos encontramos hipóteses, modelos explicativos e conceitos que supõem a divisão do psiquismo em diferentes regiões (tópica), a existência de forças que se contrapõem gerando conflitos (dinâmica) e a circulação e distribuição de uma energia suscetível de aumento e diminuição (investimento econômico). Muitos dos textos considerados os mais propriamente metapsicológicos, segundo Laplanche e Pontalis[19], eventualmente não abordam os três registros, mas descrevem "princípios", "conceitos fundamentais" e "modelos" teóricos essenciais à psicologia psicanalítica.

Iniciaremos a análise pelo texto de 1911, *Formulações*, para, a seguir, voltar a 1895, ano do *Projeto,* e daí prosseguir em ordem cronológica.

O texto de 1911

A noção de teste de realidade aparece pela primeira vez em 1911, no artigo *Formulações sobre os dois princípios do funcionamento mental*[20]*,* e está intimamente articulada com a idéia de que o aparelho psíquico deixa de funcionar sob o "princípio de prazer" e passa a funcionar sob o "princípio de realidade." É neste artigo que Freud introduz o conceito de "princípio de realidade" por oposição ao "princípio de prazer". (p.279) Eles dizem respeito a dois modos distintos de funcionamento do psiquismo. Os processos mentais, num primeiro momento, buscam a obtenção de prazer (descarga de

---

[19] Laplanche, J.; Pontalis, J.-B., in *Vocabulário de Psicanálise*, verbete "Metapsicologia", p. 361, 1986.

[20] ESB XII, daqui por diante: *Formulações*.

energia) em qualquer situação. A ausência de bons resultados cria a necessidade de se levarem em consideração as circunstâncias da realidade, mesmo que ela seja desagradável. Assim instala-se o "princípio de realidade".

Ao fazer um comentário sobre uma das espécies de atividade do pensamento que não se submeteu a essa mudança, o fantasiar, Freud diz: *"... ela foi liberada do teste de realidade (Realitätsprüfung) e permaneceu subordinada somente ao princípio de prazer."*[21] Essa é a primeira vez em que aparece o "teste de realidade".

Mas o que vem a ser o teste de realidade? Freud enumera diversas adaptações sofridas pelo aparelho psíquico no estabelecimento do "princípio de realidade", que definem claramente o surgimento do teste de realidade. Nesse sentido, foi esse texto que nos sugeriu a idéia de se pensar o teste de realidade como um conceito que abrange um conjunto de mecanismos e não apenas um único, como poderia parecer-nos através da leitura de outros textos, em que Freud apenas menciona o teste de realidade sem descrevê-lo.

Freud define, logo antes de introduzir o teste de realidade, as adaptações necessárias pelas quais o aparelho psíquico passa. São elas: a) aumento da importância dos órgãos sensoriais dirigidos ao mundo externo e da consciência a eles ligados; b) instituição da função da atenção que explora periodicamente o mundo exterior para conhecer de antemão seus dados; c) introdução de um sistema de notação, cuja tarefa é registrar os resultados da atividade da consciência; d) no lugar da repressão, surgimento da capacidade de julgar[22] que decide se uma determinada representação é verdadeira ou falsa, isto é, se está ou não em concordância com a realidade, comparando-a com os traços de memória da realidade; e) transformação da descarga motora em ação (que altera a realidade de forma apropriada); f) desenvolvimento do processo de pensar, que permite uma tensão elevada do estímulo durante o adiamento do processo de descarga. (p. 279-281)

---

[21] *Formualções*, ESB XII, p. 281.

[22] No original: *Urteilsfällung*, que literalmente significa pronunciamento ou proferição de juízo.

Todas essas mudanças foram exigidas para que o aparelho psíquico funcionasse de acordo com o princípio de realidade.

Hurvich também toma esse texto, entre outros, como referência para se pensar o teste de realidade como um conjunto de elementos:

> "*Podemos identificar três processos ou subfunções inter-relacionadas que resumem o sentido que Freud atribui ao teste de realidade conforme foi discutido nos artigos aqui revistos.*[23] *São eles: (1) a distinção entre idéias e percepções (1895), (2) a decisão a respeito de uma idéia ser baseada num traço de memória da realidade (i.e. percepção externa) (1911, 1925), e (3) acuidade da percepção (1925). Outros mecanismos, processos e funções envolvidos no teste de realidade, e explicitamente mencionados por Freud são o processo secundário (inibição da descarga imediata) (1895), atenção (1911), memória (1911, 1925) e juízo (1911). De um ponto de vista genético Freud opinou que o teste de realidade poderia ocorrer se o organismo tivesse a oportunidade de determinar se uma impressão poderia desaparecer após uma atividade motora (1915, 1917, 1930).*"[24]

Hurvich poderia ter mencionado a atenção, a memória e o juízo como elementos que surgem em 1895, ano do *Projeto*, e não apenas em 1911. Mas sabemos que Freud ainda não usara o termo *Realitätsprüfung* naquele texto e talvez Hurvich quisesse se ater ao primeiro uso do conceito. No entanto, Hurvich menciona a "inibição" como parte do teste de realidade e com a data de 1895, talvez por ela ser fundamental na compreensão do teste de realidade e não ser explicitamente mencionada em 1911.

---

[23] Os artigos citados por Hurvich são: *Projeto de uma Psicologia* (1895), *Formulações* (1911), *Os Instintos e suas Vicissitudes* (1915), *Suplemento Metapsicológico à Teoria dos Sonhos* (1917), *A negativa* (1925) e *O Mal-Estar da Civilização* (1930).

[24] Hurvich, M., "On the concept of reality testing", 1970, p. 300.

Quanto ao sentido atribuído ao teste de realidade por Freud, não temos por que discordar de Hurvich. Podemos incluir seus três processos dentro da idéia geral de distinção entre mundo interno e mundo externo. É de fato na forma de distinção entre idéias e percepções que essa discussão aparece no *Projeto* (1895). Quanto ao item 2, menciona uma parte do processo de juízo que é citada em 1911 e explorada com detalhes em 1925. Já o processo mencionado no item 3, a acuidade da percepção, pode ser observado tanto no *Projeto* como em *A negativa* (1925). Também como parte do processo de juízo, há uma verificação da exatidão da percepção descoberta na realidade externa em relação ao que foi previamente percebido. Trata-se sempre de avaliar o que vem de dentro do aparelho psíquico e o que pertence ao mundo exterior.

Considerando as seis modificações indicadas por Freud e o comentário de Hurvich, chegamos à nossa própria idéia do que pode ser apontado como teste de realidade, não apenas levando em conta o momento de seu estabelecimento, mas também o seu funcionamento no adulto. Não colocaremos a memória entre as principais funções que compõem o teste de realidade. Tomando em consideração um aparelho psíquico primitivo e elementar, o sistema de memória precisa de fato ser introduzido para que haja registro de caminhos de descarga de energia e para que esses caminhos se tornem preferenciais, facilitando o bom funcionamento do organismo. Isto ocorreria apenas numa determinada época da formação do aparelho psíquico. Refere-se à formação do teste de realidade e não ao seu funcionamento no adulto. Além disso, esse mesmo caminho preferencial é que se torna responsável pela alucinação e pela não distinção entre idéia e percepção. Nesse sentido, a memória é condição para o teste de realidade, mas também o é para a alucinação. Isso será aclarado quando expusermos em detalhes o modelo de aparelho psíquico do *Projeto* no próximo capítulo.

Também não incluiremos entre os elementos que compõem o teste de realidade o primeiro item ao qual Freud se refere, isto é, o aumento da importância dos órgãos sensoriais dirigidos ao mundo externo e da consciência a eles ligada. Trata-se, igualmente, de uma fase específica do desenvolvimento do aparelho psíquico.

Acrescentaremos aos quatro itens restantes "a atenção, o julgar, a ação motora e o pensar "a função de inibição, mencionada apenas no *Projeto* de 1895, e em *A Interpretação dos Sonhos* de 1900, mas que é condição para que todos os outros ocorram. Esses cinco itens operam no teste de realidade no adulto.

Voltando às *Formulações*, Freud apresenta a idéia de que, no domínio da fantasia, o teste de realidade não opera. Freud havia dito que a atividade de fantasia escapou ao teste de realidade e *"...permaneceu subordinada ao princípio de prazer."*[25] Ora, vemos, então, que na adaptação do aparelho psíquico a um modo de funcionamento mais eficaz para a sua sobrevivência, criou-se uma brecha. A sua transformação não é integral. O teste de realidade, portanto, não diz respeito a todos os processos que ocorrem no aparelho psíquico. A fantasia se lhe escapa. Mais do que isso, ela não é comparada à realidade, ela não passa por um teste de realidade. A fantasia é uma atividade independente.

Encontramos mais tarde em Freud a mesma idéia:

> *"Os homens, contudo, sempre acharam difícil renunciar ao prazer; não podem deixar-se levar a fazê-lo sem alguma forma de compensação. Por isso, retiveram uma atividade mental na qual todas aquelas fontes de prazer e aqueles métodos de conseguir prazer, que haviam sido abandonados, têm assegurada sua sobrevivência " uma forma de existência na qual se livram das exigências da realidade e daquilo que chamamos 'teste de realidade'.... Desse modo, na atividade da fantasia, os seres humanos continuam a gozar da sensação de serem livres da compulsão externa, à qual há muito tempo renunciaram, na realidade. Idearam uma forma de alternar entre perma-*

[25] *Formulações*, ESB XII, p. 281.

necer um animal que busca o prazer, e ser, igualmente, uma criatura dotada de razão." [26]

Uma questão se nos impõe. Ela concerne ao fato de que o teste de realidade se constitui na passagem do ego-prazer para o ego-realidade. No artigo *Formulações*, os termos "ego-prazer" e "ego-realidade"[27] dizem respeito às transformações que o ego sofre. (p. 284) Esses termos se opõem de modo semelhante ao da oposição entre princípio de prazer e princípio de realidade e se referem à evolução das pulsões do ego[28].

"...ego-prazer e ego-realidade não são duas formas radicalmente diferentes do ego, antes definem dois modos de funcionamento das pulsões do ego, segundo o princípio de prazer e segundo o princípio de realidade." [29]

Em relação ao teste de realidade, acreditamos poder referi-lo ao ego de modo geral e aí incluir as "pulsões do ego" já que, de acordo com Monzani:

---

[26] *Conferência XXIII – O caminho da formação dos sintomas*, 1916-17, ESB XVI, p. O destaque é de Freud.

[27] Esses dois conceitos aparecem pela primeira vez nesse texto e reaparecem em 1915, *Os Instintos e suas Vicissitudes*, e em 1925, *A negativa*.

[28] Laplanche e Pontalis fornecem uma explicação para o aparecimento do termo "pulsões do ego". Segundo eles, as "pulsões do ego" ou "pulsões de autoconservação" fazem oposição às "pulsões sexuais" e integram o quadro da primeira teoria das pulsões, de 1910 a 1915. Na descrição do conflito psíquico, o ego era a instância recalcante e defensiva que se opunha à sexualidade. As pulsões do ego passam a fornecer um suporte pulsional específico, uma energia colocada a serviço do ego. A noção de "pulsão sexual" já existia desde 1905, em *Três ensaios sobre a teoria da sexualidade*, mas Freud as opunha simplesmente ao ego ou a "funções de importância vital". Somente em 1910, em *A perturbação psicogênica da visão na concepção psicanalítica,* Freud denomina o grupo de funções e necessidades não-sexuais "pulsões de autoconservação" ou "pulsões do ego". Alguns anos depois, com o conceito de narcisismo, a primeira teoria pulsional se esfumaça e a noção de "pulsão do ego" cai em desuso. Cf. *Vocabulário de Psicanálise*, verbete "pulsões do ego", p. 523-528, 1986.

[29] Laplanche, J.; e Pontalis, J.-B., *Op.cit.*, verbete "ego-prazer- ego-realidade", p. 192.

> *"...o reconhecimento explícito da dualidade pulsional (sexual/ egóica) em quase nada interfere nas discussões teóricas dos mecanismos psíquicos na medida em que as pulsões do ego não são consideradas nas discussões econômicas sobre esses mesmos mecanismos."*[30]

Segundo Freud, o desenvolvimento do princípio de prazer ao princípio de realidade se observa primeira e naturalmente nas pulsões do ego. A pulsão sexual permanece mais tempo sob o domínio do princípio de prazer, *"...do qual, em muitas pessoas nunca é capaz de se afastar."*[31] Freud vincula as pulsões do ego às atividades da consciência e as pulsões sexuais à fantasia. Tomando-se este artigo por referência, o teste de realidade diz respeito a um ego separado e oposto à sexualidade. Essa divisão entre ego e sexualidade se insere em outra problemática freudiana, a do conceito de ego, que examinaremos logo abaixo.

Em *Formulações*, Freud concebe um ego que se desenvolve e atribui a mesma característica às pulsões sexuais. No entanto, em cada etapa desses desenvolvimentos há a chance de uma inibição que pode se tornar local de uma disposição a uma doença neurótica posterior. O que Freud introduz aí é a possibilidade de o ego encontrar problemas em sua evolução, tal como aparece também em 1913, em *A disposição para a neurose obsessiva*.

Podemos nos perguntar se uma inibição no curso do desenvolvimento do ego afetaria o teste de realidade? Freud não responde diretamente a essa pergunta. Da mesma forma, quando retoma a idéia de alterações sofridas pelo ego num texto do final de sua obra, como em 1937, *Análise terminável e interminável*, não aborda diretamente o efeito que isso pode ter sobre um mecanismo como o teste de realidade. No entanto, alguns textos, que veremos ao longo de nossa pes-

[30] Monzani, L.R., Freud, *O movimento de um pensamento*, p. 244-245, 1989.

[31] *Formulações*, ESB XII, p. 282.

quisa, fazem menção a situações em que o teste de realidade não opera devido a modificações do ego.

Quanto à questão do ego como oposto à sexualidade, recorramos novamente a Monzani[32]. Para compreendê-la, acompanhemos Monzani numa pequena história do conceito de ego, limitando-nos no entanto a um rápido resumo para logo chegar ao que nos interessa. Até 1914, quando Freud escreve *Sobre o Narcisismo: Uma Introdução*, o problema do ego diz respeito à sua relação com a consciência. Nota-se uma ambigüidade na medida em que, por um lado, há uma relação estreita entre o ego e a consciência e, por outro, revelam-se processos inconscientes no ego. Monzani cita trechos de *A Interpretação dos Sonhos* em que Freud equipara o ego à consciência e o reprimido (os desejos sexuais infantis) ao inconsciente. Ainda no mesmo texto Freud menciona os sonhos de punição em que o desejo aí presente, *"...embora seja igualmente inconsciente, ele deve ser considerado como pertencente não ao reprimido, mas ao "ego".*[33]

Tomando esse primeiro momento do conceito de ego, não há qualquer problema em relação ao teste de realidade. Ele diz respeito ao ego e este, por sua vez, opõe-se ao reprimido. A sexualidade permanece na periferia do ego. A partir de 1914 as coisas tomam outro rumo e o conceito fica mais complexo. Podemos numerar três grandes modificações: 1) A sexualidade se junta ao ego. O ego aí é concebido como um dos objetos de possível fixação da libido do sujeito, e pode tornar-se um objeto de amor. Ainda, é pensado como o grande reservatório da libido, de onde ela parte para os objetos e para onde pode voltar. 2) O conceito de "identificação" aparece para nomear um dos principais mecanismos de constituição e modificação do ego. O ego normal e não mais apenas o patológico se constitui de sucessivas identificações, que se fundem sobre a base de uma identi-

[32] Monzani, L.R., *Op. cit.*, p. 240-249.

[33] *Ibidem*, p. 244.

ficação primordial. 3) O ego é desmontado em instâncias que o constituem, o superego, o ideal do ego e o ego ideal.

Monzani indica que as grandes transformações ocorridas na noção de ego e que aparecem em *O ego e o id* de 1923, já estão operantes desde 1914. Resumindo:

> *"...o ego está estreitamente vinculado com a consciência, suas relações com o aparato motor são salientadas; boa parte das funções do sistema pré-consciente é englobada como parte do ego; dele fazem parte, por fim, as instâncias do superego, ideal do ego e o ego ideal. Ele é o agente principal nos mecanismos de defesa e recalcamento, e desde há muito tempo Freud sabe que extensas partes do ego podem ser inconscientes."*[34]

Mas não nos deixemos iludir:

> *"...essa tentativa de agrupar as diferentes funções e instâncias através da noção de ego não significou que essa noção deixasse de ser menos problemática do que antes. Na verdade, o conceito de ego é um dos mais ambíguos na teoria psicanalítica."*[35]

Não nos assustemos com essa complexidade e ambigüidade que só faz colocar inúmeras questões a qualquer direção que tomemos. Em outras palavras, seja o conceito de teste de realidade ou algum outro que diga respeito ao ego, poderíamos nos perguntar coisas do tipo: como a libido, o superego ou determinadas identificações interferem no teste de realidade? Freud vez por outra responderá a alguma dessas questões. Em outros momentos, teremos a sensação de que o teste de realidade é mantido como um conceito independente de qualquer modificação na obra. É o que acontece, por exemplo, em relação ao que dizíamos sobre a fantasia. O teste de realidade não

[34] *Ibidem*, p. 249.
[35] *Ibidem*, p. 249.

a atinge, mas será ela assim tão separada do ego? Se a fantasia está associada à sexualidade e esta, por sua vez, habita o ego de diversas maneiras, pode-se realmente estabelecer uma fronteira e demarcar os campos em que o teste de realidade opera e em que ele deixa de operar? Parece-nos que Freud o faz.

Num de seus últimos trabalhos, *Análise Terminável e Interminável,* de 1937, Freud se pergunta sobre a possibilidade de pensarmos o ego como independente da libido.[36] Poderia o ego, no processo terapêutico, livrar-se de conflitos e alcançar certa liberdade em relação às exigências pulsionais patogênicas, de modo definitivo? Sua resposta é a de que não é possível livrar-se das exigências das pulsões, mas pode-se domesticá-las. No entanto, além da influência exercida pela força das pulsões, o ego também foi alterado pelo efeito dos mecanismos de defesa utilizados para afastar os perigos durante seu desenvolvimento.

A complexidade do conceito de ego necessariamente afeta os diversos mecanismos ligados ao ego e isso inclui o teste de realidade. Não obstante, Freud sustenta a idéia de que é possível, em muitas situações, distinguir o mundo interno do mundo externo.

Nosso objetivo, ao situar o conceito de teste de realidade em relação às modificações sofridas pelo conceito de ego na obra de Freud, é mostrar como alguns dos problemas que podem ser levantados em relação a esse conceito já aparecem em *Formulações*. São eles: a idéia de um ego ou pulsão de ego que pode sofrer inibições e alterações em seu desenvolvimento e o alcance limitado do teste de realidade, visto que ele não age sobre o fantasiar. Retornaremos a esses problemas.

Para retomar o ponto em que havíamos parado, vale lembrar o que encontramos sobre o teste de realidade em *Formulações*. É nesse texto, de 1911, que este conceito aparece pela primeira vez e concerne a certas adaptações sofridas pelo aparelho psíquico ou, ao menos, por parte dos processos que nele ocorrem. Essas adaptações

[36] *Análise terminável e interminável*, ESB XXIII, p. 256.

referem-se à passagem de um aparelho que funciona sob o domínio do princípio de prazer para o modo de funcionamento segundo as regras do princípio de realidade. Selecionamos dentre essas modificações alguns elementos: a atenção, o julgar, a ação motora e o pensar. A eles acrescentamos a função de inibição. Esses cinco itens operam no teste de realidade no adulto e serão objeto de um exame detalhado a partir do próximo capítulo.

Retrospectivamente: os textos de 1895 e 1900

Olhando retrospectivamente a obra de Freud, vemos que algumas dessas adaptações sofridas pelo aparelho psíquico, indicadas em *Formulações*, se referem a funções que já haviam aparecido em textos anteriores. É o caso do *Projeto*, de 1895, e de *A Interpretação dos Sonhos*, de 1900. No *Projeto* encontramos a inibição, a atenção, o juízo, o processo de pensamento e a ação motora. O modelo de aparelho psíquico de *A Interpretação dos Sonhos*, apesar de diferente do modelo do *Projeto*, utilizará igualmente as funções de inibição da atividade primária, atenção, juízo, retardo da descarga (através do processo de pensamento) e ação motora, para permitir um funcionamento mais conveniente, que possa levar em conta as informações da realidade. O que se ganha ao lançar um olhar para esses textos é a descoberta de que todos esses elementos estão a serviço de dois objetivos básicos: impedir a satisfação alucinada do desejo e predispor o aparelho psíquico para reconhecer na realidade o objeto que o satisfaz.[37] É o modelo de um apare-

[37] O termo "satisfação alucinada" refere-se à alucinação que está no lugar do que deveria ser percebido pelo bebê. Ele busca o objeto (seio) que irá apaziguar a tensão gerada pela fome. Sua busca é determinada por uma experiência originária de satisfação de suas necessidades que deixou marcado no psiquismo um caminho de tensão e descarga. Em outras palavras, a "vivência de satisfação", como Freud chamará essa experiência, institui o caminho do desejo e de sua realização. O funcionamento espontâneo do psiquismo levaria à alucinação. Uma decepção se segue à alucinação, visto que a fome não cessa quando o objeto real (seio) não está presente; essa é a deixa para Freud investigar o porquê de não alucinarmos constantemente.

lho psíquico primitivo, que tende à alucinação e ao não-reconhecimento da realidade externa, que fornece o significado inicial do conceito de teste de realidade.[38] O teste de realidade funciona como uma espécie de freio para a alucinação. Mas não de qualquer alucinação. Trata-se da alucinação do bebê pequeno em relação ao objeto de satisfação de seu desejo. Pretendemos com isso diferenciar a alucinação do bebê da alucinação no sonho e na psicose. Isso é necessário para que não se pense que o teste de realidade constitui um "freio" para qualquer situação.

Freud[39] se refere à alucinação para descrever processos que ocorrem nos sonhos, nas psicoses, além da vivência de satisfação. A alucinação apresenta desejos como satisfeitos e traz consigo a crença na realidade. É a revivescência regressiva de imagens mnêmicas que em si mesmas são inconscientes, mas que chegaram ao sistema da percepção e, portanto, terão para o sujeito que alucina o estatuto de realidade. O desejo onírico é alucinado, dirá Freud.[40] Visto que o acesso à motilidade é vedado para aquele que dorme, o curso da excitação se inverte e chega à percepção.

Na alucinação do psicótico não é o acesso vedado à motilidade "como no caso do indivíduo que sonha" "que desencadeia a alucinação. Freud evoca o rompimento entre o ego e a realidade. O ego tem que negar algo da realidade que se tornou insuportável. Esse rompimento cancelaria o funcionamento de mecanismos que permitem identificar o que pode ser percebido como realidade e permitiria a alucinação. Trata-se, portanto, na alucinação psicótica, de dois momentos: primeiramente é retirada a catexia (ou uma determinada catexia) do sistema Cs. (Pcpt) e assim ocorre um rompimento com a realidade. Num segundo momento, ocorre uma nova catexia desse mesmo sistema a partir do interior, e, com ela, a alucinação.

---

[38] Essa idéia pode ser deduzida do *Projeto* de1895, de *A Interpretação dos Sonhos* de 1900 e do *Suplemento Metapsicológico à Teoria dos Sonhos* de1917. Este último, daqui por diante: *Suplemento*.

[39] *Suplemento*, ESB XIV, p. 260 - 263.

[40] *Op. cit.*, p. 261.

Já a alucinação que serve de referência para se pensar no surgimento do teste de realidade é a alucinação satisfatória do desejo do bebê. Por vezes Freud se refere a ela como a uma ficção, isto é, como se fosse um momento suposto pela teoria e que mostra a tendência do psiquismo a realizar desejos de forma imediata. Essa alucinação não se explicaria pelo fato de haver uma barreira à eliminação motora, como nos sonhos, já que no bebê existe a eliminação reflexa do sugar. Tampouco há rompimento do vínculo com a realidade, como na psicose, pois dentro do arcabouço teórico freudiano, a distinção entre um dentro e um fora (mundo interno e mundo externo) ainda está por se estabelecer. Estamos de acordo com Corrêa, quando afirma:

> "*Acreditamos que a alucinação primária do objeto desiderativo é um fato independente da retrogradação e da barreira à eliminação motora. É um fato original, inclusive, necessário à suposição de todo o edifício teórico construído por Freud.*"[41]

Tomar o teste de realidade no sentido de freio para a satisfação alucinatória do desejo nos autoriza a incluir entre seus mecanismos a função de inibição. Apesar de ela não aparecer em *Formulações*, é condição *sine qua non* para ocorrerem a atenção, o juízo, o pensamento e o adiamento da descarga e, por fim, a ação motora. Isso aparece claramente no *Projeto* e em *A Interpretação dos Sonhos*.

Em 1919 Freud acrescenta uma nota de rodapé ao capítulo VII de *A Interpretação dos Sonhos,* em que relaciona o teste de realidade com um processo que põe fim à alucinação do aparelho psíquico primitivo. Esse processo tinha como objetivo encontrar algo perceptivamente idêntico à experiência de satisfação do desejo – estabelecer uma "identidade perceptiva", mas o fazia pelo caminho

---

[41] Corrêa, F. S., *As teorias da vivência de dor e da vivência de satisfação no "Projeto de uma Psicologia", de Freud,* p. 67, 1999.

mais curto, alucinando a satisfação no lugar de vivenciá-la de fato. Freud refere-se à necessidade de interromper essa atividade:

> "*A fim de chegar a um dispêndio mais eficaz da força psíquica, é necessário deter a regressão antes que ela se torne completa, de maneira a que não avance além da imagem mnemônica e seja capaz de buscar outros caminhos que finalmente a conduzam à desejada identidade perceptiva que está sendo estabelecida a partir do mundo externo.*" [42]

Em relação a essa passagem de 1900, Freud acrescentará a nota de rodapé em 1919: "*Noutras palavras, torna-se evidente que tem de haver um meio de 'testar a realidade'*".[43]

Laplanche e Pontalis, apesar de admitirem que o conceito de teste de realidade tenha raízes no *Projeto* e em *A Interpretação dos Sonhos*, acreditam que apenas no *Suplemento*, de 1917, Freud apresente de modo mais sistemático a questão do teste de realidade. Definem o teste de realidade, de modo geral, como um:

> "*Processo postulado por Freud que permite ao indivíduo distinguir os estímulos provenientes do mundo exterior dos estímulos internos, e evitar a confusão possível entre o que o indivíduo percepciona e o que não passa de representações suas, confusão que estaria na origem da alucinação.*" [44]

Porém, apesar de a definição acima poder englobar o que vimos admitindo até aqui como teste de realidade, ou seja, um conjunto de elementos, para Laplanche e Pontalis os textos do *Projeto* e de *A Interpretação dos Sonhos* não tratam diretamente da questão, pois

---

[42] ESB V, p. 603.

[43] ESB V, p. 603. No original em alemão: *"Mit anderen Worten: es wird die Einsetzung einer 'Realitätsprüfung' als notwendig erkannt."*

[44] Laplanche, J., Pontalis, J.-B., *Vocabulário de Psicanálise*, p. 491, 1986.

eles não se referem a um *"... 'teste' que decide sobre a realidade do que é representado, mas a um modo de funcionamento interno do aparelho psíquico."*[45] A idéia de um teste de realidade que testa algo de fato, segundo eles, restringe-se à definição que Freud nos fornece em 1917. Mas, como veremos a seguir, é possível interpretar essa definição de modo a torná-la mais abrangente, diferentemente do que fazem esses autores.

O texto de 1917

No *Suplemento*, de 1917, Freud apresenta o modo de funcionamento do teste de realidade no bebê para depois mostrá-lo no adulto. Isso acontece dentro de uma discussão maior sobre a compreensão da alucinação no sonho e na psicose. Quando o teste de realidade aparece pela primeira vez, Freud o relaciona explicitamente à interrupção da satisfação alucinatória do desejo:

> *"...tenhamos ainda em mente a grande importância prática de distinguir as percepções das idéias, por mais intensamente que sejam recordadas. Toda a nossa relação com o mundo externo, com a realidade, depende de nossa capacidade nesse sentido. Formulamos a ficção de que nem sempre possuímos essa capacidade e de que, no começo da nossa vida mental, de fato alucinamos o objeto que nos satisfaria quando sentimos necessidade disso. Mas em tal situação a satisfação não ocorreu e essa falha deve ter feito com que logo criássemos algum dispositivo com a ajuda do qual fosse possível distinguir tais percepções carregadas de desejo de uma real satisfação e evitá-las no futuro. Em outras palavras, desistimos da satisfação alucinatória de nossos desejos ainda muito cedo e estabelecemos uma espécie de "teste de realidade".*[46]

---

[45] *Ibidem*, p. 490.

[46] *Suplemento*, ESB XIV, p. 263.

Ainda dentro da concepção de um "teste de realidade" que serve de freio ao processo alucinatório original e que permite um novo modo de funcionamento do psiquismo, Freud acrescenta alguns comentários. Dentro de uma perspectiva genética, de um aparelho psíquico que está se desenvolvendo, o teste de realidade é um dispositivo que relaciona as percepções com a ação muscular do organismo:

> "*Uma percepção que desaparece por meio de uma ação é reconhecida como externa, como realidade; nos casos em que tal ação não tem influência, a percepção se origina dentro do próprio corpo do indivíduo – não é real. É valioso para o indivíduo possuir um meio como esse, que lhe permita reconhecer a realidade, que ao mesmo tempo o ajude a lidar com ela...*"[47]

A idéia de uma perspectiva genética se explica por se tratar de um mecanismo que Freud refere a um "*organismo ainda inerme*"[48] mas com capacidade de, por meio desse dispositivo, efetuar uma primeira orientação no mundo, diferenciando um "externo" e um "interno".[49]

Mas não é só de uma perspectiva genética que se trata. A passagem acima citada, relativa ao teste de realidade como freio da satisfação alucinatória, nos permite também compreender que o teste de realidade continua a desempenhar no adulto a função de discriminar entre o exterior e o interior, "*...distinguir as percepções das idéias, por mais intensamente que sejam recordadas.*"[50] Segundo Freud, trata-se de uma capacidade que possui grande importância prática e da qual depende nossa relação com o mundo externo.

Ao tratar do teste de realidade no adulto, Freud é bastante explícito: está entre as principais instituições do ego, pertence ao "siste-

---

[47] *Ibidem*, p. 265.

[48] *Ibidem*, p. 264.

[49] Essa idéia aparecera pela primeira vez em 1915, em *Os Instintos e suas Vicissitudes*, mas não fora identificada como "teste de realidade". Em 1925, em *A negativa*, Freud continua esse mesmo assunto.

[50] *Suplemento*, ESB XIV, p. 263.

ma Cs. (Pcpt.)" (sistema consciência – percepção) e tem como função orientar o indivíduo no mundo pela discriminação entre o que é interno e o que é externo.

> *"O Cs. deve ter à sua disposição uma inervação motora que determina se se pode fazer com que a percepção desapareça, ou se ela oferece resistência. O teste de realidade nada mais precisa ser do que esse dispositivo."*[51]

Freud não menciona os demais elementos que, em nossa opinião, compõem o teste de realidade. No entanto, sabemos pelos textos do *Projeto*, de *A Interpretação dos Sonhos* e das *Formulações* que a ação motora não ocorre sozinha. Ela é o derradeiro elemento do teste de realidade e seu funcionamento pressupõe os outros elementos, isto é, o juízo, o processo de pensamento (que retarda a descarga) que, por sua vez, só têm início após a inibição e a atenção.

É possível supor que Freud, no *Suplemento*, esteja apenas enfatizando a ação motora como elemento final e indispensável ao teste de realidade, o que não significa que esteja pretendendo excluir os demais elementos de sua concepção de teste de realidade.

No *Suplemento*, Freud está às voltas com a compreensão da alucinação no sonho e na psicose. A alucinação não é apenas uma revivescência regressiva das imagens mnêmicas inconscientes. Ela consiste numa catexia (investimento de energia) do sistema Cs. (Pcpt) que se origina não do exterior, mas do interior. Trata-se de um processo em dois tempos. Num primeiro momento, quando algo da realidade se torna insuportável, "*o ego rompe sua relação com a realidade e retira a catexia do sistema de percepções, Cs...*"[52] No caso dos sonhos, trata-se de uma renúncia voluntária. Nesse momento, o teste de realidade é posto de lado. Segundo momento: com o teste de

[51] *Ibidem*, p. 265.
[52] *Ibidem*, p. 265.

realidade fora de ação, "*as fantasias carregadas de desejo (...) são capazes de exercer pressão avançando para dentro do sistema, sendo ali consideradas uma realidade melhor.*"[53] É a isso que Freud chama de catexia do sistema Cs. (Pcpt.) vinda do interior e que gera a alucinação.

É portanto o rompimento do vínculo entre o ego e a realidade ou o desinvestimento do sistema Cs. (Pcpt.) que permite a ocorrência da alucinação. Na verdade, Freud avança uma outra idéia – talvez não se trate de desinvestimento do sistema perceptivo como um todo, mas do desinvestimento de uma percepção particular, "*cuja natureza especial pode ser objeto de indagação ulterior.*"[54]

Freud faz aqui afirmações importantes das quais podemos deduzir algumas características do teste de realidade: primeiramente, o teste de realidade não é um dispositivo garantido em toda e qualquer situação. No estado de sono, por exemplo, ele não funciona. Da mesma forma, por ocasião da alucinação, cuja origem está no rompimento do vínculo entre o ego e a realidade, ele também não opera. Em segundo lugar, Freud deixa claro que o teste de realidade não tem como função impedir a alucinação. Em terceiro, o vínculo entre o ego e a realidade independe dele. E, por último, o teste de realidade não estabelece a distinção entre a fantasia e a realidade a não ser quando o sistema Cs. (Pcpt.) esteja investido pelo ego. Não obstante, Freud pretende assim mesmo dizer que o adulto se orienta em geral pelo teste de realidade e mesmo o indivíduo que alucina, em outros momentos ou sob outros aspectos, também se orienta segundo esse dispositivo.

Ao comentar o teste de realidade em seu *Vocabulário de Psicanálise*,[55] Laplanche e Pontalis reduzem sua função à de uma "ação motora" que discrimina entre percepção e representação. Os autores

---

[53] *Ibidem*, p. 266.

[54] *Ibidem*, p. 266. Freud continua a elaborar essa idéia nos textos de 1924, *Neurose e Psicose* e *A Perda da Realidade na Neurose e na Psicose* e, especialmente em 1927, em *O Fetichismo*.

[55] Laplanche, J.; Pontalis, J.B., *Op. cit.*, p. 490-494.

consideram que somente no *Suplemento* Freud discute o teste de realidade de modo mais sistemático. Segundo eles, o teste de realidade é apresentado naquele texto sob dois enfoques: um, empirista, e o outro, de ordem econômica. No primeiro, a discriminação entre mundo interno e mundo externo efetua-se por uma "exploração motora". De acordo com o *Vocabulário*:

> "*O teste de realidade é definido como um dispositivo* (Einrichtung) *que permite operar uma discriminação entre as excitações externas, sobre as quais tem domínio a ação motora, e as excitações internas, que esta não pode suprimir. Este dispositivo é ligado ao sistema Cs na medida em que este dirige a motilidade; é classificado por Freud 'entre as grandes instituições do ego'*".[56]

De acordo com o segundo enfoque, o econômico, é o diferente investimento entre os sistemas do aparelho psíquico que indica a presença ou não do teste de realidade. Diz o *Vocabulário*:

> "*O teste de realidade pode ser colocado na impossibilidade de funcionar nas afecções alucinatórias e no sonho, na medida em que afastar-se parcial ou totalmente da realidade é correlativo de um estado de desinvestimento do sistema Cs: este acha-se então livre para todos os investimentos que lhe chegam do interior.*"[57]

Para Laplanche e Pontalis, a noção de teste de realidade, tal qual aparece em Freud, é problemática, pois permanece "indeterminada e confusa". Os autores são quase irônicos ao comentar o papel do teste de realidade:

> "*...seria errôneo supor-se que o teste de realidade seja capaz de fazer para o indivíduo a discriminação entre alucinação e percep-*

[56] *Ibidem*, p.491. O termo "exploração motora" é usado pelos autores.
[57] *Ibidem*, p. 491.

ção. Quando se instauram o estado alucinatório ou o sonho, nenhum 'teste' pode pô-los em causa. Parece, pois, que nos casos em que o teste de realidade deveria teoricamente estar em condições de desempenhar um papel discriminativo, é desde logo privado de eficácia (assim, no alucinado, é vão o recurso à ação motora, como meio de distinguir o subjetivo do objetivo)"[58]

Discordamos de Laplanche e Pontalis na medida em que, segundo nos parece, Freud não reduz o teste de realidade a uma ação motora, como discutimos acima. Da mesma forma, não cremos que Freud tenha em nenhum momento sustentado a idéia de que o teste de realidade permita ao alucinado ou ao indivíduo que se encontra sonhando sair desse estado.

Para sair dessa "confusão", Laplanche e Pontalis propõem a idéia de se fazer um recorte do uso desse conceito por Freud e limitá-lo à descrição de um processo que ocorre nos primórdios do aparelho psíquico. O teste de realidade possibilitaria a distinção entre o que é representado e o que é percebido e isso permite a constituição de um ego que se diferencia do mundo externo ao mesmo tempo em que se institui como mundo interno. Laplanche e Pontalis têm como referência o texto de 1925, *A negativa*, em que Freud aproxima o teste de realidade da idéia de juízo de existência "que afirma ou nega que uma representação encontre a sua correspondência na realidade. Trata-se obviamente de restringir o uso do conceito de teste de realidade a uma função específica num momento delimitado – o momento da constituição do aparelho psíquico. Mais uma vez, discordamos desses autores. Veremos logo adiante que, de fato, Freud aproxima o teste de realidade da idéia de juízo, mas não de modo a torná-los sinônimos. Não acreditamos ser necessária uma redução do conceito de teste de realidade a um único elemento ou à descrição de uma única etapa da vida psíquica, para que ele possa ter sentido dentro do arcabouço teórico de Freud.

---

[58] *Ibidem*, p. 492.

O texto de 1921

Em *Psicologia de Grupo e a Análise do Ego,* de 1921, encontramos uma descrição do estado em que um indivíduo fica quando o teste de realidade deixa de funcionar, mas Freud em nenhum momento se refere ao que é o teste de realidade, o que faz supor que isso já está claro.

Nesse texto, Freud parte do princípio de que o indivíduo, quando se encontra em meio a uma multidão, pensa, sente e atua diferentemente de quando está sozinho. Freud se pergunta como essa massa adquire capacidade de exercer influência tão decisiva sobre a vida mental do indivíduo e que tipo de alteração se realizou na mente dele. Durante parte do raciocínio que desenvolve para dar conta dessas questões, Freud faz suas as palavras de Le Bon, autor de *Psicologia das Massas*, publicado em 1895, mas lido por Freud em 1912. Tomemos algumas idéias de Le Bon, tal qual Freud as citou:

> *"Hoje sabemos que por diversos procedimentos um ser humano pode ser posto em um estado tal que, havendo perdido por inteiro sua personalidade consciente, obedece a todas as sugestões daquele que o privou dela, e comete atos os mais contrários ao seu caráter e hábitos. Ora, observações cuidadosas parecem demonstrar que o indivíduo imerso durante certo tempo em uma massa ativa, logo se encontra – seja em conseqüência da influência magnética emanada do grupo, seja devido a alguma outra causa desconhecida, em um estado singular, muito próximo da fascinação em que fica o hipnotizado sob a influência do hipnotizador. (...) A personalidade consciente desapareceu por completo, a vontade e o discernimento foram abolidos"*[59]

Em relação à massa:

---

[59] *Psicologia de Grupo e a Análise do Ego*, ESB XVIII, p. 99.

> *"A massa é extraordinariamente influenciável e crédula... Pensa por imagens que se evocam associativamente umas às outras, tal como o indivíduo em estado do livre fantasiar; nenhuma instância racional mede seu acordo com a realidade... O irreal sempre prevalece sobre o real, o irreal as influencia quase com a mesma força que o real. Sua tendência visível é não distinguir entre as duas coisas."*[60]

Certamente impressiona a descrição feita por Le Bon. Fala de um indivíduo normal que, numa situação de grupo, perde a consciência, a razão e a moral como referências para o seu agir, sentir e pensar. A conseqüência disso é a tendência a não distinguir entre o real e o irreal. Freud, acreditamos, endossa essas idéias e explica esse acontecimento pela ausência do teste de realidade:

> *"Na verdade, tal como nos sonhos e na hipnose, nas operações mentais de um grupo a função de teste de realidade das coisas cai para o segundo plano, em comparação com a força dos impulsos plenos de desejo com sua catexia afetiva."*[61]

Ao longo do texto, Freud constrói uma analogia entre grupo (massa), neurose, sonhos, situação de hipnose e, posteriormente, estar amando. Em todas essas situações o teste de realidade passa para o segundo plano. Nesse texto, Freud limita-se ao termo "teste de realidade", sem entrar em detalhes sobre de que se trata. Diz apenas que essa função deixa de ser exercida adequadamente e, com isso, a realidade objetiva não é distinguida da maneira como deveria.

O teste de realidade falha. Se o indivíduo estivesse em seu estado normal, ou melhor, se o teste de realidade estivesse em primeiro plano, funcionando de acordo com seus mecanismos habituais, impediria os fenômenos descritos por Freud. Mas o indivíduo não se

---

[60] *Ibidem*, p. 104.

[61] *Ibidem*, p. 104.

encontra em estado normal. O teste de realidade não está em primeiro plano. Freud quer dizer com isso que o teste de realidade não impede que alguém seja influenciado pela massa, que se apaixone perdidamente ou que se deixe hipnotizar. Freud apenas acrescenta novos fenômenos à lista das situações em que o teste de realidade não funciona.

O que nos chama a atenção é perceber que não se trata agora de situações-limite, como a do psicótico que alucina, ou de um momento biologicamente justificável, como o do estado de sono. Trata-se de fenômenos que, digamos assim, podem atingir um grande número de pessoas.

A seguir, ainda no texto de 1921, Freud investiga o porquê de o teste de realidade deixar de funcionar e comenta sobre a sua localização no aparelho psíquico. Freud se pergunta o que acontece com o indivíduo dentro da massa. A resposta será a mesma para a situação de hipnose e a de estar apaixonado. Pode-se encontrá-la através do conhecimento da dinâmica da relação entre o indivíduo e o líder da massa, ou o hipnotizador ou, ainda, o objeto de amor. Essas relações se explicam pela compreensão do mecanismo de identificação como forma de ligação afetiva e da divisão que ocorre dentro do ego a partir deste mecanismo. Para apresentar de modo sucinto este mecanismo, vamos recorrer mais uma vez ao *Vocabulário de Psicanálise*.

Segundo Laplanche e Pontalis[62], na identificação, um indivíduo assimila um aspecto ou um atributo do outro e se transforma, total ou parcialmente, segundo o modelo dessa pessoa. Uma das formas de identificação é com o objeto abandonado, ou perdido, ocorrendo a introjeção desse objeto no eu. Estudando a melancolia, Freud observou uma divisão no ego que, no entanto, não é específica dessa patologia[63]: uma parte identifica-se ao objeto perdido (objeto introjetado no ego) e outra parte, o "ideal do ego", torna-se uma instância crítica

[62] Laplanche, J.; Pontalis, J.-B., *Op.cit.*, verbete "Identificação", p. 295.
[63] Na melancolia apenas se evidencia a crueldade do ideal do ego em relação ao ego.

que assume as funções de auto-observação, consciência moral, censura onírica e exerce influência na repressão. Freud ainda acrescenta que a origem dessa instância está na herança do narcisismo primitivo e na influência das autoridades, sobretudo dos pais.[64]

Esse primeiro comentário de Laplanche e Pontalis explica a divisão do ego e a conseqüente formação do "ideal do ego". O teste de realidade, em *A Psicologia de Grupo*, terá como sede essa instância.

Outra forma de identificação, apontada pelos autores ocorre quando um indivíduo tem um elemento comum com um outro, por exemplo, o desejo de ser amado. Essa identificação muitas vezes está na base da formação de um grupo.

Por último, a identificação que concerne às relações que aqui nos interessam é a identificação em que o objeto é "colocado no lugar" de uma instância, a do "ideal do ego". (p. 298) Nessa situação se encontram o líder do grupo, o hipnotizador e o objeto de amor.[65]

Essa rápida caracterização do "ideal do ego" que vimos acima, com Laplanche e Pontalis, é fundamental para entender em que lugar Freud situa o líder da massa, o hipnotizador ou o objeto de amor. Tomando este último como exemplo, Freud diz que na situação de estar amando, o objeto é "colocado no lugar" de "ideal do ego", é idealizado e supervalorizado. O ego se "entrega" totalmente ao objeto, se sacrifica, se devota a este.

> *"...falham totalmente as funções que recaem sobre o ideal do ego. Cala a crítica que é exercida por esta instância; tudo o que o objeto faz é justo e inatacável. A consciência moral não se aplica a nada do que é feito em favor do objeto; na cegueira do amor, é possível se converter num criminoso sem remorsos."*[66]

[64] *Psicologia de Grupo e a Análise do Ego*, ESB XVIII, p. 297.

[65] A identificação com os demais membros de um grupo (no sentido de "massa") tem, como condição, que o mesmo líder esteja "posto no lugar" de "ideal do ego" de cada um.

[66] ESB XVIII, p. 143.

Não há muita distância entre a situação acima descrita e a de hipnose. O hipnotizado se submete ao hipnotizador, obedece-lhe e perde a capacidade crítica.

> *"O hipnotizador constitui o único objeto e não se repara em nenhum outro além dele. O fato de o ego experimentar, de maneira semelhante à do sonho, tudo que o hipnotizador possa pedir ou afirmar, relembra-nos que nos esquecemos de mencionar entre as funções do ideal do ego a tarefa de testar a realidade das coisas. Não admira que o ego tome uma percepção por real, se a realidade dela é corroborada pela instância mental que ordinariamente desempenha o dever de testar a realidade das coisas."*[67]

Em relação à localização do teste de realidade, essas duas últimas citações nos fazem crer que o não-funcionamento do teste de realidade se deve ao fato de que, quando o "ideal do ego" é ocupado no processo de identificação, falham todas as funções atribuídas a essa instância, entre elas, a de teste de realidade. De fato, é essa a idéia que está contida nesse texto. No entanto, dois anos depois, Freud retoma a idéia de que o teste de realidade está localizado no ego. Vimos aparecer em nota de rodapé de uma página de *Psicologia de Grupo e Análise do Ego*, acrescentada em 1923, a idéia de que paira uma dúvida sobre se se justifica a atribuição dessa função ao ideal do ego. (p. 145) No mesmo ano, em *O ego e o id*, a função de teste de realidade é definitivamente atribuída ao ego. No início do capítulo III deste livro, quando Freud propõe que também se chame de "superego" ao "ideal de ego", concede ao conceito de teste de realidade um pequeno comentário também em nota de rodapé. Em relação às considerações que fez sobre o ideal de ego em *Psicologia de Grupo e Análise do Ego*, diz Freud:

[67] *Ibidem*, p. 145.

> *"Exceto que pareço ter-me equivocado em atribuir a função de 'teste de realidade' a esse superego, ponto que necessita de correção. Ajustar-se-ia perfeitamente às relações do ego com o mundo da percepção se o teste de realidade permanecesse sendo tarefa do próprio ego..."*[68]

Podemos acrescentar que a função de teste de realidade atribuída ao ego se ajusta melhor não apenas às relações do ego com a percepção, mas também com a motilidade. Pensando-se no teste de realidade em sua conexão com a motilidade, como Freud enfatiza no *Suplemento*, em 1917, faz todo o sentido que ele seja uma função egóica e, de certa forma, seria essa a idéia de Freud, em 1923, ao recuperar o teste de realidade para o domínio do ego.

Mas, seria possível manter o esquema teórico de 1921, explicativo dos fenômenos da massa, da hipnose e do estar amando, caso o teste de realidade não pertencesse ao "ideal do ego", justamente o lugar ocupado pelo líder, pelo hipnotizador e pelo objeto de amor? Como explicar, então, a falha do teste de realidade nas situações analisadas em *Psicologia de Grupo*? Bem, essas continuam a ser situações em que o teste de realidade não funciona, mesmo que ele pertença ao ego. A ocupação do "ideal do ego" por um outro qualquer – líder, hipnotizador ou objeto de amor " pode continuar a ser a causa do não-funcionamento do teste de realidade, não importa onde ele esteja sediado. O mecanismo de identificação torna-se mais um dos responsáveis pelo não-funcionamento do teste de realidade.

Havíamos dito que, a partir de 1914, Freud introduz a idéia de um ego habitado pela sexualidade, que se constitui e se modifica a partir de identificações e que se divide em diferentes instâncias. Essas modificações produziram um efeito sobre o conceito de ego, tornando-o ambíguo e complexo. No entanto, a conseqüência maior para o teste de realidade parece ser apenas o aumento do número de situações que inviabilizam temporariamente o seu funcionamento.

---

[68] *O ego e o id*, ESB, XIX, p. 42.

O texto de 1925

Em *A negativa*, Freud diz estar pesquisando a origem psicológica da função de julgamento intelectual, que afirma ou nega o conteúdo de um pensamento atual. Um primeiro tipo de decisão é tomado pela função de julgamento: afirma-se ou nega-se a posse em alguma coisa de um atributo particular. Na raiz dessa função encontramos a introjeção do "bom" e a expulsão do "mau" pelo ego, dando origem ao "dentro" e ao "fora". A segunda função do juízo – que Freud chamará nesse texto de "teste de realidade" – decide sobre a existência real de um objeto previamente representado no psiquismo. Nas palavras de Freud:

> *"A outra espécie de decisão tomada pela função de julgamento quanto à existência na realidade de algo de que existe uma representação (teste de realidade) – é um interesse do ego-realidade definitivo, que se desenvolve a partir do ego-prazer...*
> *...uma questão de saber se algo que está no ego como representação pode ser redescoberto também na percepção (realidade). Trata-se, como vemos, mais uma vez de uma questão de* externo *e* interno*. O que é irreal, meramente uma representação e subjetivo, é apenas interno; o que é real está também lá fora."*[69]

Freud apresenta nesse texto tanto uma perspectiva genética, que aborda o estabelecimento do teste de realidade, quanto aspectos do seu funcionamento no adulto. Em relação às origens do psiquismo, Freud descreve a relação entre percepção e representação para depois situar o surgimento do teste de realidade. Diz Freud que, num primeiro momento, as representações se originam das percepções e

[69] *A negativa,* ESB XIX, *p. 297-8.* O conceito de ego-realidade definitivo, que aparece em *Formulações*, mas que é abordado com mais profundidade em *O insitnto e suas vicissitudes,* refere-se à terceira etapa da mudança do aparelho psíquico, de um modo de funcionamento sob o princípio de prazer, para um modo de funcionamento sob o princípio de realidade. Ver Laplanche, J.; Pontalis, J.-B.,*Op.cit.*, verbete "Ego-Prazer-Ego-Realidade", p. 193.

são repetições delas. A simples existência de uma representação garante a realidade daquilo que é representado. Num segundo momento, o pensar traz a capacidade de reproduzir aquilo que fora percebido, como representação, sem que o objeto externo esteja lá. Aí se introduz a necessidade do teste de realidade:

> "*Portanto, o objetivo primeiro e imediato do teste de realidade é, não encontrar na percepção real um objeto que corresponda ao representado, mas reencontrar tal objeto, convencer-se de que ele está lá.*"[70]

Esse comentário se refere à possibilidade de o bebê alucinar. O teste de realidade precisa garantir que o bebê reencontre o seio na realidade externa, pois no mundo interno o seio já existe. Trata-se de um outro modo de descrever a satisfação alucinatória do desejo e a necessidade de que esse processo seja interrompido pelo teste de realidade.

Uma outra função do teste de realidade que pertence tanto a esse momento de constituição do aparelho psíquico quanto a uma fase posterior do ego e que Hurvich[71] chamou de uma das subfunções do teste de realidade é a acuidade da percepção. Diz Freud:

> "*A reprodução de uma percepção como representação nem sempre é fiel; pode ser modificada por omissões e alterada pela fusão de distintos elementos. Nesse caso, o teste de realidade tem de certificar-se de até aonde vão tais deformações.*"[72]

Se o mundo interno, subjetivo, pode modificar a cópia do que foi percebido no mundo externo, cabe ao teste de realidade certificar-se das deformações. Essa seria uma das funções do julgar. Na verdade, não apenas certificar-se das deformações, mas sair em busca da cor-

---

[70] *A negativa*, ESB XIX, p. 298.
[71] Hurvich, M., *Op. cit.*, p. 300.
[72] *A negativa*, ESB XIX, p. 298.

reção. Esse é o início do processo de pensar. A dessemelhança entre o representado e o percepcionado, constatada pelo juízo, dá início ao pensar. Há portanto uma função do julgamento, que dá início ao processo de pensamento, e uma outra, que põe fim ao adiamento e conduz à ação. Dirá Freud: *"Julgar é a ação intelectual que decide a escolha da ação motora que põe fim ao adiamento devido ao pensamento e conduz do pensar ao agir."*[73]

Pode-se dizer que, em *A negativa*, Freud não reduz o teste de realidade a um tipo de decisão da função de julgamento, já que julgar envolve outros elementos: processo de pensamento e ação motora. Ora, poderíamos completar dizendo que no *Projeto* tudo aparecia da mesma forma, exceto que, para iniciar o julgamento, são precisas a inibição do processo primário[74] e a atenção.[75]

O texto de 1938

Um último texto de Freud que merece ser citado por conter alguma menção ao teste de realidade é o *Esboço de Psicanálise*, escrito em 1938. Nas duas vezes em que Freud o menciona, não aparece uma explicação sobre o que ele seja. A primeira encontra-se no capítulo IV, intitulado "Qualidades Psíquicas". Freud atribui três qualidades aos processos psíquicos: consciência, pré-consciência ou inconsciência, e discorre sobre como algo vem a tornar-se consciente. Trata-se de um processo ligado à percepção, mas Freud admite que nem tudo que a alcança tem origem no mundo externo, na realidade. Processos internos do ego, como idéias e pensamentos – resíduos mnêmicos de per-

---

[73] *Ibidem*, p. 299.

[74] O "processo primário" refere-se a um dos modos de funcionamento do aparelho psíquico em que se busca a descarga imediata da energia. Ele será explicado com detalhes no próximo capítulo.

[75] Parece-me que, no *Projeto,* também podemos pensar a primeira função do juízo, que se relaciona à constituição do ego, como parte do teste de realidade. Essa questão será abordada no quarto capítulo.

cepções visuais e auditivas associados a resíduos da fala – podem atingir o sistema da percepção e tornarem-se conscientes, e:

> "*...exige-se um artifício especial para fazer a distinção entre as duas possibilidades – um artifício conhecido como teste de realidade. A equação 'percepção = realidade (mundo externo)' não mais se sustenta. Erros, que podem então facilmente surgir e surgem com regularidade nos sonhos, são chamados de alucinações.*"[76]

Nessa passagem vemos o teste de realidade como um artifício que evita a confusão entre o que chega à percepção vindo desde fora e o que chega desde dentro.

Na segunda passagem, que encontramos no capítulo VIII, "O aparelho psíquico e o mundo externo", trata-se praticamente da mesma idéia. Vale a pena citá-la para ver quão categórico é Freud ao afirmar o bom funcionamento do teste de realidade:

> "*Uma vez que os traços mnêmicos podem tornar-se conscientes, tal como as percepções, especialmente mediante sua associação com os resíduos da fala, surge a possibilidade de uma confusão que conduziria a uma má compreensão da realidade. O ego se guarda contra esta possibilidade pela instituição do teste de realidade, que se permite cair em inatividade temporária nos sonhos em virtude das condições predominantes no estado de sono.*"[77]

Síntese

O teste de realidade se constitui como um conjunto de elementos que são: inibição, atenção, julgamento, pensamento e ação motora.

---

[76] *Esboço de Psicanálise*, ESB XXIII, p. 187-8.
[77] *Ibidem*, p. 228.

A função do teste de realidade é a de discriminar entre mundo interno e mundo externo. Freud o apresenta, por vezes, como um elemento fundamental da constituição do psiquismo, que surge com o objetivo de interromper a satisfação alucinatória do desejo. Em outros momentos, Freud comenta o seu funcionamento no ego adulto.

No adulto, o teste de realidade permanece como um dispositivo que permite distinguir o mundo interno do mundo externo. Se o sujeito não fosse capaz de efetuar essa distinção, pereceria facilmente.

Fatores inúmeros, ligados ao próprio processo de desenvolvimento do ego, freqüentemente podem inibir – e de fato inibem – o funcionamento do dispositivo, durante menor ou maior lapso de tempo, em tal ou qual atividade, em maior ou menor extensão.

Vimos como o teste de realidade não opera, por exemplo, durante o estado de sono, nos sonhos, na hipnose, na paixão, na situação do indivíduo em "massa", durante a alucinação psicótica e em momentos em que predomina a fantasia. Ele tampouco se constitui num teste ou prova que evita a alucinação.

Cremos que as duas citações a seguir resumem bem a posição de Freud em relação ao teste de realidade. Por um lado, uma necessidade, por outro, um fardo do qual, felizmente, podemos às vezes nos livrar. Ambas as citações pertencem ao texto das *Novas Conferências Introdutórias sobre Psicanálise*, de 1933. Na *Conferência XXXI – A Dissecação da Personalidade Psíquica*, encontramos:

> "*A relação com o mundo externo tornou-se o fator decisivo para o ego; este assumiu a tarefa de representar o mundo externo perante o id – o que é uma sorte para o id, que não poderia escapar à destruição se, em seus cegos intentos que visam à satisfação de seus instintos, não atentasse para esse poder externo supremo. Ao cumprir com essa função, o ego deve observar o mundo externo, deve estabelecer um quadro preciso do mesmo nos traços de memória de suas percepções, e, pelo seu exercício da função de 'teste de reali-*

dade', deve excluir tudo o que nesse quadro do mundo externo é um acréscimo decorrente de fontes internas da excitação."[78]

E, para contrabalançar, vejamos o que Freud diz na *Conferência XXX – Sonhos e Ocultismo*:

> "*Desde o início, quando a vida nos submete à sua rígida disciplina, dentro de nós se levanta uma resistência contra a inflexibilidade e monotonia das leis do pensamento e contra as exigências do teste de realidade. A razão se torna o inimigo que nos priva de tantas possibilidades de prazer. Descobrimos quanto prazer nos dá retrair-nos dela, temporariamente ao menos, e nos entregar ao atrativo do absurdo.*"[79]

Passaremos, a seguir, à análise dos diversos elementos que compõem o teste de realidade.

---

[78] ESB XXII, p. 97.
[79] ESB XXII, p. 47-8.

Inibição

Vimos que a função de inibição é o primeiro elemento do teste de realidade. Ela permite o discernimento entre dois modos de atividade do aparelho psíquico. Vimos, no primeiro capítulo, que isso pode se traduzir na idéia de um aparelho psíquico que funciona de acordo com o princípio de prazer e que passa a funcionar de acordo com o princípio de realidade.

Freud expõe o modo de funcionar da inibição em dois textos que se encontram separados por um curto intervalo de tempo: o *Projeto*, de 1895, e *A Interpretação dos Sonhos*, de 1900. Não se encontram outras referências a essa função, a não ser de modo indireto, mas que em nada acrescentam à sua compreensão.[80]

A compreensão da função de inibição, assim como a das demais funções envolvidas no teste de realidade, requer o entendimento do funcionamento do aparelho psíquico proposto por Freud no *Projeto*. Quando Freud novamente trata dessa função, em *A Interpretação dos Sonhos*, o faz de acordo com o modelo de aparelho psíquico da

[80] Não há qualquer relação entre a "inibição" de *Inibição, Sintoma e Angústia*, de 1926 e a função de inibição que estamos examinando, embora o termo original – *Hemmung* – seja o mesmo.

primeira tópica (sistemas Inconsciente, Pré-Consciente e Percepção-Consciência), mas guarda referências ao modelo do *Projeto*. Nesse sentido, demoremo-nos um pouco em expor os pressupostos básicos desse modelo de funcionamento da mente antes de examinar a função de inibição. Em seguida, passaremos ao exame dessa função em *A Interpretação dos Sonhos*.

A inibição no *Projeto*

O termo "inibição" no *Projeto* aparece vinculado à questão do ego. A inibição é a interrupção do processo primário.[81] Freud chega a dizer que, "...se existir um eu, ele tem de inibir processos psíquicos primários."[82] A inibição é uma função do ego que influencia o curso da energia que percorre um determinado caminho no interior do aparelho psíquico por meio de uma "ocupação lateral"[83]. Para compreender o que Freud quer dizer com esse termo, convém expor os pressupostos básicos do *Projeto*.

O aparelho psíquico imaginado por Freud no *Projeto* funda-se sobre duas vivências fundamentais do bebê: a vivência de dor e a de satisfação. Essas vivências ficam registradas para sempre no psiquismo e deixam caminhos que tendem a ser repetidos automaticamente, ainda que em circunstâncias inadequadas. Em outras palavras, como veremos adiante, o aparelho psíquico elaborado no *Projeto* tende à alucinação. A distinção entre mundo interno e mundo externo não é imprescindível para o seu funcionamento inicial, mas

[81] Os processos psíquicos primários são processos em que existe intensa catexia de imagens e que, por não ocorrer inibição, resultam na alucinação do objeto de desejo ou na defesa primária. Isso será explicado adiante.

[82] *Projeto*, p. 37. O destaque é Freud.

[83] O termo "ocupação" foi escolhido por Gabbi Jr. na tradução do *Projeto* para substituir *Besetzung*. Na Edição Standard Brasileira encontramos "catexia" e "investimento". São esses os termos que usaremos em todo o trabalho, com exceção das passagens que se referem à "ocupação lateral" exercida pelo ego na inibição.

logo será necessária. O mecanismo de inibição aparece como uma forma de garantir que a repetição dos caminhos instalados pelas vivências fundamentais ocorra no momento adequado e permita observar aquilo que se apresenta na realidade.

Freud elabora um modelo de aparelho psíquico abstrato, mas de aparência neurológica, partindo de duas hipóteses básicas: a hipótese dos neurônios e a da quantidade[84]. Os neurônios respondem pela estrutura do aparelho psíquico e são capazes de conter certa quantidade de energia. (p. 12) A quantidade (Q) é o que distingue a atividade do repouso, é indicativa de movimento no sistema nervoso e é governada pelo princípio da inércia neuronal, que afirma a tendência do neurônio a se livrar da quantidade e a voltar a um estado de repouso. (p. 10) Em outras palavras, o aparelho psíquico é dotado de certa quantidade de energia que escoa rápida e livremente para a descarga, a não ser que seja represada em determinados neurônios ou sistemas neurônicos em que se acumula. Isso se deve à existência das barreiras de contato entre os neurônios, que impedem ou limitam a passagem de energia de um a outro. (p. 12-15) Outra forma de impedir o livre escoamento de energia é por meio da atração exercida pelo ego, que é o fundamento da ação inibidora. (p. 37) O ego é um grupo de neurônios investidos em um nível constante, uma espécie de reservatório energético que tem por efeito inibir a energia que circula livremente, retardando a descarga.

A existência do ego supõe que certa quantidade de energia não se submete ao princípio de inércia. A energia que investe os neurônios do ego não se descarrega de forma livre e imediata; em caso contrário, não haveria como realizar determinadas funções psíquicas. O princípio de inércia é rompido pela necessidade do sistema de adaptar-se às carências da vida, como a fome. São estímulos oriundos das

[84] A linguagem fisiológica utilizada no *Projeto* recebeu comentário em *Eu-corpando, o ego e o corpo em Freud*, de Bastos, L. A. de M., p. 32, 1998. Para ela, a referência anatômica, freqüente em Freud, não significa sua adesão à neuroanatomia. A tópica freudiana seria uma anatomia psíquica que toma o corpo anatômico por referência.

células do organismo que, diferentemente dos estímulos que chegam do exterior do aparelho e que podem ser eliminados pelos neurônios motores[85], vão se acumulando, sua acumulação sendo provisoriamente interrompida apenas quando se realiza uma ação específica no mundo externo. Para realizar as ações específicas, é necessário certa quantidade de energia armazenada no organismo. Isso mostra que o sistema psíquico é obrigado a reter um acúmulo de energia suficiente para satisfazer as exigências de uma ação específica. Mesmo assim, persiste a tendência de tornar o nível de tensão energética o mais baixo possível, não a eliminando totalmente, mas mantendo-a constante. Logo no início do *Projeto*, Freud verifica a necessidade de alterar sua hipótese de que o aparelho se organiza em torno do princípio de inércia e dirá que essa organização ocorrerá em torno do princípio de constância. (p. 11)

O princípio de constância no *Projeto* é uma modificação do princípio de inércia. A descarga continua sendo prioritária, mas como o nível energético não pode ser igual a zero, é preciso haver uma reserva de quantidade para realizar a ação específica. O princípio que governa o funcionamento do aparelho psíquico determinará então a manutenção de quantidade tão baixa quanto possível e a defesa contra os aumentos.

No entanto, o princípio de inércia deixa um saldo, a função primária do aparelho psíquico. Ela promove a eliminação de quantidade, a descarga. Sua referência original são os estímulos externos (de grande magnitude) que tinham de ser imediatamente descarregados; essa função permanece como um traço do aparelho primitivo, isto é, como se originalmente, ainda que por muito pouco tempo, esse tivesse sido seu modo de funcionamento. Outra função, a função secundária, lida apenas com os estímulos endógenos e visa a conservar os caminhos de realização da ação específica.

---

[85] Freud imagina aqui o esquema de arco-reflexo, com neurônios responsáveis pela recepção de estímulos, e, outros, por sua eliminação.

Os neurônios, considerados originalmente idênticos entre si, diferenciam-se pela posição que ocupam no sistema neuronal. Recebem os estímulos de fora os neurônios que servem à percepção (designada como "sistema *phi*"). São permeáveis à passagem de quantidade, não opõem resistência e não retêm nada. Dessa forma, estão sempre livres para receber novas excitações. Os neurônios seguintes são os responsáveis pela memória, designada como "sistema *psi*". Freud supõe que no contato entre eles há resistências que se opõem à eliminação da energia. Denominam-se "barreiras de contato". Elas tornam os neurônios do sistema *psi* impermeáveis e dificultam a passagem de quantidade. No entanto, apesar de serem inicialmente impermeáveis, os neurônios *psi* têm a sua capacidade de condução alterada em função da magnitude e da freqüência da quantidade que passa por um mesmo caminho. Essa alteração se torna permanente. O que garante o registro da memória é a especificidade das vias seguidas pela quantidade circulante. Isso significa, portanto, que há diferenças no estado das barreiras de contato. Se todas se alterassem de modo igual, não haveria especificidade dos caminhos seguidos. Freud denomina "facilitação" o estado de alteração na barreira de contato. Existem facilitações entre os neurônios, e a diferença nas facilitações é o fundamento da memória. Os neurônios *psi* ficam assim responsáveis pela representação daquilo que é percebido pelos neurônios *phi*.[86]

---

[86] *Projeto*, p. 13-15. Desde *Uma contribuição à concepção das afasias*, Freud afirma que a percepção não deixará, como representação, um registro ponto a ponto. O campo representativo não se constitui por intermédio de um acesso direto ao mundo exterior. As representações que possuímos do mundo assumem seu significado, não numa referência direta aos objetos, mas a significação é produzida na relação entre a representação de palavra e a representação de objeto. O efeito de significação resulta da relação entre a representação de palavra e a representação de objeto e não da relação entre a representação de objeto (ou a representação de palavra) e a coisa externa ou o referente. Ainda que não se possa falar num acesso direto ao objeto na realidade, existe algo que é possibilitado pelo teste de realidade, como teremos a oportunidade de ver. Esse algo é a divisão entre um "dentro" e um "fora", entre o "interno" e o "externo". Esse algo também nos permite viver de acordo com o que acontece "fora", pois, caso contrário, não sobreviveríamos.

O sistema *psi* está ligado às excitações externas, através de *phi*, à consciência, designada como sistema *ômega* (*w*) e a uma periferia interna, que comporta as células somáticas responsáveis pelas excitações endógenas. A consciência tem como função transformar quantidade em qualidade (diminuição de quantidade em *psi* – sensações de prazer; aumento de quantidade em psi – desprazer).

Freud não é capaz de explicar a consciência em função da quantidade, como fez com a percepção e com a memória. Gabbi Jr. comenta que a introdução da consciência tem como conseqüência não mais poder entender-se o que Freud diz do aparelho psíquico como uma descrição realista.[87] A consciência não é explicável por um modelo mecânico, baseado em diferenças quantitativas, nem biológico, que supõe a evolução de um sistema de neurônios a partir de outro. Para explicá-la, Freud recorrerá ao modelo da denotação, construído a partir das relações entre representações de palavra e de objeto, mas esse modelo, que tenta abordar as relações entre quantidade e sentido é explorado por Freud apenas na terceira parte do *Projeto*.

Até agora vimos os princípios da inércia e da constância, que regulam o funcionamento do aparelho psíquico, as funções primária e secundária, os sistemas de percepção, memória e consciência... É preciso ainda falar das duas vivências fundamentais que estruturam o aparelho psíquico: a vivência de dor e a de satisfação.

A vivência de satisfação

A compreensão da experiência de satisfação pressupõe que imaginemos uma criança e sua impotência originária em ajudar a si mesma. Frente a seus estímulos endógenos, que podemos traduzir como

---

[87] Gabbi Jr., *Notas críticas sobre* Entwurf einer Psychologie, nota nº 74, p. 128, 1995. Daqui por diante: *Notas críticas*.

correspondendo a necessidades (de alimentação, por exemplo), só poderá produzir descargas que em nada a aliviam, uma vez que não se constituem em ações específicas destinadas a fazer cessar o estímulo. Porém, as descargas (expressão das emoções, gritos, inervação muscular) possuem a função de comunicação, já que têm o efeito de atrair um outro humano, capaz de intervir no mundo externo e realizar a ação específica necessária. Uma vez realizada a ação (fornecimento de víveres, do seio, por exemplo), a criança cumpre a atividade necessária para eliminar o estímulo endógeno. A totalidade desse processo significa uma experiência de satisfação. (p. 32)

Como todo processo psíquico, haverá um registro mnêmico no sistema *psi* daquilo que se passou. Há, primeiramente, o registro da descarga permanente[88] eliminando a urgência provocada pelos estímulos endógenos (choro, etc.). Em seguida, há o registro da percepção do objeto do qual se fez uso para o estímulo cessar e, finalmente, o da eliminação conseguida mediante a liberação do movimento reflexo de sugar que se segue à ação específica. Essa eliminação final leva à satisfação. Temos assim uma constelação, um conjunto de vias em *psi* que responde por uma situação de satisfação de uma necessidade. A representação de cada um dos elementos da experiência de satisfação no sistema de memória é fundamental na constituição do psiquismo. (p. 32)

A vivência de dor

A vivência de dor provém da irrupção de uma grande quantidade (Q) de origem externa. Essa quantidade produz um aumento de nível energético em *psi* que é sentido como desprazer. Produz ainda um caminho de eliminação da quantidade. Ficam registradas a imagem

[88] A descarga – choro, inervação muscular, expressão de emoção – é permanente, pois ela não obtém êxito em aliviar a tensão estabelecida pela recepção do estímulo endógeno: a fome.

do objeto hostil e o caminho que leva o organismo a se livrar da grande quantidade. Quando é recordada, ou seja, quando a imagem do objeto hostil é reocupada, ela produz desprazer e não dor. A origem do desprazer é atribuída a certos neurônios, os neurônios secretores, que induzem à produção de estimulação endógena. Primeiro há o aumento do nível de energia, depois este é sentido como desprazer e em seguida ocorre a eliminação. O organismo, para sobreviver, deve aprender a evitar manter ocupada a imagem recordativa hostil. (p. 34)

Os restos dessas experiências fundam caminhos de descarga, que tendem a ser repetidos. Freud os denomina atração de desejo primária e defesa primária. (p. 35) Quando o organismo se encontra em estado de desejo (por acréscimo de estímulos internos, como a fome), quer catexizar novamente a imagem recordativa do objeto de desejo no sistema *psi*, isto é, quer investir de energia os neurônios em *psi* que representam a experiência de satisfação. Se o objeto de satisfação não se encontra presente na realidade, essa catexia produz uma alucinação e não faz cessar os estímulos endógenos que correspondem à fome. Já o resíduo da vivência de dor é a repulsa ou aversão a manter catexizada a imagem do objeto hostil em *psi*. Abandona-se tão logo quanto possível a imagem recordativa hostil. Freud também chama esse processo de repressão.

A função de inibição é exercida pelo ego, que é uma organização específica dentro do sistema *psi*. Ele impede a alucinação (a satisfação alucinatória) e a defesa primária (a repressão)[89]. O ego inibe a defesa primária, pois ela é sem objetivo. Ainda que ela represente a

[89] Segundo Gabbi Jr., a defesa primária pode ser entendida como uma alucinação negativa do objeto hostil. A vivência de dor deixou como resíduo uma inclinação para negar a existência do objeto hostil. No caso da repetição da vivência, evita-se a imagem recordativa do objeto hostil, como se ela não existisse. O aparelho psíquico põe em funcionamento um mecanismo equivalente ao da fuga da dor, ou seja, de escoamento rápido. No entanto, o desprazer causado pela catexia dessa imagem é entendido como proveniente de um objeto externo. A repressão tem como fundamento um objeto externo que impõe uma grande quantidade ao aparelho psíquico. No *Projeto*, não há como se pensar a repressão do desejo. Cf. Gabbi Jr.,O. F., *Notas Críticas*, p. 135-139, 1995.

tendência a abandonar a imagem recordativa hostil, essa imagem chega a ser ocupada e há liberação de desprazer. Como não existe externamente o objeto hostil, toda essa ação é desnecessária. A ação de inibir caminhos que foram realizados inicialmente de uma determinada maneira (acompanhados de dor ou de satisfação) deve ser compreendida a partir da estrutura do ego e do seu modo geral de funcionamento.

O ego e a "ocupação lateral"

A estrutura do ego é a de uma rede de neurônios investidos cujas comunicações recíprocas permitem a passagem facilitada de energia. Existe dentro do ego uma circulação quase livre e que mantém uma diferença de nível com o exterior. Fica-nos a imagem de uma figura recortada sobre o seu fundo, diferenciada por uma estabilidade alcançada pela sua densidade e por isso agindo sobre os neurônios vizinhos, modificando a circulação de energia em todo o sistema. A ação inibitória do ego se dá pelo que Freud denominou de "ocupação lateral"[90]. Na situação de circulação de energia livre, pelas vias neuronais, de acordo com o processo psíquico primário, isto é, tendendo à descarga, a energia do ego age como uma espécie de massa magnética que exerce influência sobre essa circulação livre, como que atraindo para si a quantidade. A inibição se dá quando determinada quantidade que penetraria num certo neurônio deixa de fazê-lo, pois é influenciada por um neurônio pertencente ao campo do ego, de modo a alterar sua circulação. A ocupação lateral inibe os processos psíquicos primários.

Imaginemos um neurônio *a* ocupado por uma certa quantidade que tenderia a escoar para o neurônio *b*, considerando as facilitações entre eles. Lembremos que essas facilitações existem pela magnitu-

[90] *Projeto*, p. 37.

de e freqüência da quantidade que circulou por ali. Estes neurônios pertenceriam à trilha do desejo ou da defesa primária. Pensemos agora que um neurônio *x*, adjacente ao neurônio *a*, seja simultaneamente ocupado. Sua ação será como a de uma massa magnética que exerce atração sobre a quantidade do neurônio *a*. Nas palavras de Freud, "*...ele age como uma facilitação temporária das barreiras de contato localizadas entre ambos e modifica o curso...*"[91]. A quantidade que ocupava o neurônio *a* é de tal modo influenciada pela grande presença de quantidade no neurônio adjacente *x*, que ela cede muito pouca quantidade para o neurônio *b* ou mesmo não o atinge. Diz Freud: "*Portanto uma ocupação lateral é uma inibição para o curso de Q'n.*"[92]

No caso da atração de desejo primária, ocasionada pela fome, o processo primário levaria à catexia da imagem do objeto que satisfaz o desejo sem que o aparelho psíquico tivesse efetuado a distinção entre o registro de uma percepção de algo que está de fato presente na realidade naquele momento e a simples lembrança do objeto. Sem a inibição do ego, não se distingue percepção de representação. No caso da defesa primária, o processo primário promoveria a liberação de desprazer a partir da catexia da imagem do objeto hostil, sem poder distinguir entre a percepção da presença real do objeto e a mera recordação deste.

A atração exercida por um neurônio adjacente a um dos neurônios pertencentes a esse caminho possibilita um desvio e um retardo do processo de descarga. A inibição é a interrupção do circuito do desejo ou da defesa primária e dá início ao processo de pensar, que nada mais faz senão retardar a descarga.[93] Ela é condição para que ocorra

---

[91] *Projeto*, p. 37.

[92] *Projeto*, p. 37. Os destaques são de Freud. "Q'n" é a notação que Freud usa para se referir à "quantidade" de origem interna, isto é, que brota dentro do aparelho psíquico, em contraposição à "quantidade" que vem de fora.

[93] Esses circuitos não podem ser alterados quanto ao seu objetivo último, a descarga, mas sim quanto à energia que os percorre. Essa energia pode sofrer alterações relativas à sua intensidade e ao seu trajeto.

o pensamento e, com ele, a possibilidade de esperar pela presença do objeto de satisfação no mundo externo. A inibição se instala como primeiro elemento do teste de realidade e dá seqüência aos demais.

O "signo de realidade"

Além da inibição, Freud introduz a idéia de um sinal, designado como "signo de realidade", para atuar como critério de diferenciação entre representação e percepção, lembrando que a alucinação é justamente a catexia intensa da representação, confundindo-a com a percepção. Num primeiro momento, poderíamos pensar que o signo de realidade também faria parte do teste de realidade. Veremos que não é bem assim.

Os processos que ocorrem no ego têm como função garantir que os caminhos de descarga sejam percorridos apenas quando houver um signo de realidade produzido a partir do sistema de consciência. A percepção da presença do objeto que satisfaz o desejo se combina com a consciência para gerar o signo de realidade. Diz Freud:

> "*Em toda percepção externa origina-se uma excitação qualitativa em w (*ômega*), mas que no início é sem significado para* psi. *Tem-se ainda que acrescentar que a excitação ômega conduz à eliminação* ômega *e, a partir dela, como a partir de qualquer outra eliminação, chega até* psi *uma notícia. Então a notícia da eliminação de* ômega *é o signo de qualidade ou de realidade para* psi."[94]

Qualquer excitação proveniente do mundo externo que seja captada pelo sistema de percepção, *phi*, chega ao sistema de representações, *psi*, e é acompanhado, primeiramente por uma excitação da

[94] *Projeto*, p. 39. Freud chama de "notícia" a um registro, ou traço de memória, deixado em *psi* por essa eliminação. Os destaques são de Freud.

consciência, w e, a seguir, de uma eliminação de quantidade de w (p. 26) Essa eliminação gera uma marca em *psi* e essa marca é o signo de realidade.

No entanto, continua Freud, se o registro da percepção do objeto de desejo (portanto a lembrança, a representação do objeto de desejo) for intensamente ocupado, haverá igualmente o signo de realidade , mesmo que o objeto não esteja presente no mundo real (mesmo que não se trate de uma percepção). Nesse caso, o critério para comprovar a presença do objeto na realidade falhará e não se poderá diferenciar a representação da percepção. (p. 39)

Freud está colocando o seguinte problema: a atração de desejo primária leva a quantidade a percorrer a trilha do desejo e a ocupar em *psi* o complexo de representações que originalmente registrou a experiência de satisfação. Faz parte desse complexo a representação da percepção do objeto de desejo. Um grande acúmulo de quantidade leva a uma catexia intensa dessa representação, a ponto de confundi-la com a percepção de fato do objeto, que no momento não está ocorrendo. Isso somente é possível porque o que diferencia os neurônios de percepção e representação é a magnitude de quantidade a que estão submetidos. Os neurônios *phi*, de percepção, localizados na periferia do aparelho psíquico entram em contato com uma carga maior de quantidade e são permeáveis a ela. Os neurônios *psi* localizam-se no interior do aparelho psíquico e recebem uma carga menor de quantidade. No esquema de Freud, quando um neurônio *psi* recebe uma carga intensa de quantidade, é como se isso o caracterizasse como um neurônio *phi*, de percepção. Essa é a causa da estimulação da consciência (*ômega*) que fornecerá o signo de realidade.

Para Laplanche[95], Freud chega dessa maneira à idéia de uma "consciência da realidade" que se dá ou não se dá imediatamente, conforme a presença ou ausência do índice que a evidencia – a des-

[95] Laplanche, J. *Vida e Morte em Psicanálise*, p. 66, 1985.

carga da própria consciência. Uma percepção externa ou uma representação fortemente ocupada provocam a crença em sua realidade, na medida em que a consciência da realidade se dá imediatamente. A emissão do signo de realidade independe do ego. Quando a consciência da realidade leva à alucinação, no caso da representação fortemente investida, não se pode corrigi-la. Não há como mostrar ao alucinado que ele se engana. Isso fala a favor de nossa idéia de que o signo de realidade não pertence ao teste de realidade. No caso da alucinação, o teste de realidade não está operando e, pelo contrário, o signo de realidade não apenas continua funcionando, como permitiu a alucinação.

Freud nos sugere a seguinte solução para diferenciar percepção de representação: "*...é a inibição do eu que possibilita um critério de diferenciação entre percepção e recordação.*"[96]

Explicando melhor:

> "*Mas se a ocupação de desejo realizar-se sob inibição, como é possível no caso do eu ocupado, é concebível um caso quantitativo em que a ocupação de desejo, por não ser suficientemente intensa, não resulte em signo de qualidade, enquanto a percepção externa resultaria.*"[97]

Assim, podemos dizer que é o ego ocupado que executa a inibição e permite que o signo de realidade atue como critério para diferenciar entre percepção e recordação. Ou seja, o signo de realidade somente se transforma em critério de fato quando existe o teste de realidade, pois além da inibição, o mecanismo de atenção, de juízo e de pensamento deverão estar operando para promover uma distinção eficaz entre o dentro e o fora. É o que veremos ao longo dos demais capítulos.

---

[96] *Projeto*, p. 40. Os destaques são de Freud.

[97] *Projeto*, p. 39-40.

Antes de entendermos melhor o que vem a ser o ego ocupado, que pode promover a inibição da quantidade, detenhamo-nos sobre a idéia de um "signo de realidade".

Nas palavras de Freud, o signo de realidade ou qualidade é a notícia de uma eliminação de *ômega*. O que é essa eliminação? São sensações conscientes de qualidades. Diferentemente dos sistemas de percepção e de memória, o sistema ômega " a consciência " não é capaz de receber Q'n (quantidade interna), a não ser uma mínima quantia para manter-se funcionando. O que fornece sensações conscientes de qualidades referentes às diversidades encontradas no mundo externo é a apropriação pela consciência dos "períodos" do movimento neuronal.[98]

Freud utiliza de modo igual "signos de qualidade" ou "signos de realidade", pois eles se referem tanto à capacidade de despertar qualidades em *ômega* quanto à capacidade de diferenciar entre quantidade externa e quantidade interna quando o ego já está constituído e fazendo valer o teste de realidade.

As qualidades podem ser conferidas a representações por meio do recurso à palavra. É isso o que Freud dirá na terceira parte do *Projeto*. (p. 88) O signo de qualidade torna-se aí sinônimo de signo lingüístico, ou mais explicitamente de representação de palavra. Instala-se assim uma questão sobre a diferença entre o signo de realidade da percepção e o signo de realidade do pensar.

O signo de realidade do pensar seria a possibilidade de qualquer representação tornar-se consciente a partir do vínculo com a representação de palavra. Já quanto ao signo de realidade da percepção, que seriam as sensações conscientes de qualidade não vinculadas à palavra, percebemos a dificuldade em descrevê-lo numa tentativa como a de Laplanche, que se limita a designar como signo de realidade uma espécie de "clique". Para ele, o "signo de realidade" em Freud seria:

---

[98] *Projeto*, p. 24. Freud chama de período um "caráter de natureza temporal" que existe no movimento de transmissão de energia de um neurônio a outro. Os diferentes períodos do movimento neuronal produzem, a partir da consciência, sensações de qualidade.

> "*...uma espécie de clique comparável ao que se produz, num aparelho mecânico de bolas, cada vez que um certo alvo é atingido. Quando o real é percebido, produz-se automática e repetidamente uma descarga,...*".[99]

Mesmo diante da dificuldade de Laplanche, é claro que está instalada uma divisão entre percepção externa e percepção interna, esta podendo ser aqui entendida como consciência do pensamento. Há emissão de signo de realidade tanto para a percepção de objetos do mundo externo quanto para a percepção das idéias e processos imaginativos que se tornaram conscientes mediante o vínculo a restos mnêmicos das percepções visuais e auditivas. A diferenciação entre percepção externa e percepção interna é evocada por Freud até o *Esboço* em 1938, como sendo a tarefa fundamental do teste de realidade.

A origem do ego

Mas o que é este ego ocupado, e como ele se forma? Essa pergunta é necessária, já que é o ego ocupado que executa a inibição que permite que o signo de realidade se manifeste apenas para a percepção externa. Como dissemos, o ego é uma organização diferenciada do restante de *psi* pela maior facilitação entre os seus neurônios, o que permite uma circulação livre de energia entre eles. Freud acrescenta que o ego tem uma extensão variável. Na verdade, ele é constituído por uma parte fixa, o núcleo, e por uma parte variável, denominada manto. O núcleo se forma pela constante recepção de quantidade endógena. Cria-se assim a possibilidade de o ego armazenar energia. Esse armazenamento é necessário para conservar os caminhos de descarga, isto é, de eliminação, ligados à cessação dos estímulos endógenos. O manto do ego é caracterizado pela pos-

---

[99] Laplanche J., *Op.cit.*, p. 64.

sibilidade de se alterar. Torna-se maior ou menor conforme a necessidade de o ego expandir-se ou retrair-se. A ocupação lateral, que é a inibição de uma repetição da vivência de dor ou de satisfação, é possibilitada por essa propriedade do ego.

Na terceira parte do *Projeto*, ao apresentar os processos psíquicos normais, Freud se preocupa em mostrar como surgiu o ego. Sua origem seriam os neurônios que recebem continuamente estimulação do interior do corpo e a descarregam. Nesse sentido, Freud propõe que a parte nuclear existiria desde o início. Num segundo momento, esse núcleo original associa-se ao registro da vivência de satisfação: uma percepção (a imagem de desejo) e uma notícia de movimento (da parte reflexa da ação específica). Como evitar a alucinação?

> "*No estado de repetição do apetite, no estado de expectativa, realiza-se a educação e desenvolvimento deste eu inicial. Ele aprende inicialmente que não tem o direito de ocupar as imagens de movimento, de modo que se efetue a descarga, enquanto não forem realizadas certas condições do lado da percepção. Depois ele aprende que não tem o direito de ocupar a representação do desejo acima de uma certa medida, porque, caso contrário, iludir-se-ia alucinatoriamente.*"[100]

Freud afirma que o ego aprende a evitar a alucinação. É necessário estabelecer limites para a sua expansão. Erguem-se duas barreiras (não por qualquer imposição, mas por necessidade)[101] que delimitam as circunstâncias em que ele deve realizar ocupações de neurônios. São elas: não ocupar as imagens de movimento até a descarga enquanto o objeto não estiver presente na realidade, e não ocupar de modo muito intenso a representação de desejo. Se as duas barreiras forem respeitadas, continua Freud, há chances de se alcançar a satisfação almejada.

---

[100] *Projeto*, p. 84.

O acúmulo de Q'n (energia ou quantidade interna) no ego é conseqüência da obediência às barreiras que impedem a catexia da imagem desiderativa e da imagem de movimento acima de certo limite. Na terceira parte do *Projeto*, fica mais clara a idéia de que o registro da vivência de satisfação pertence ao ego. É o próprio ego que evitará ocupar as imagens de movimento que levariam à descarga. A inibição é um processo interno ao ego. Evita-se uma descarga imediata e permite-se que essa descarga se realize mediante as condições apropriadas. Na primeira parte do *Projeto* a inibição dava a impressão de impedir um percurso externo ao ego.[102]

Como se originaram essas barreiras: não ocupar as imagens de movimento, de modo que não se efetue a descarga enquanto não forem realizadas certas condições do lado da percepção e não ocupar a representação do desejo acima de certa medida? Pela ameaça de desprazer. Sem a barreira, havia uma descarga motora que não encontrava o prazer esperado. *"O desprazer permanece o único meio de educação*"[103], dirá Freud.

Podemos dizer que o ego aprende a não desencadear o processo que leva à alucinação para evitar o desprazer.[104] Nesse sentido, ele

---

[101] Haverá muito gasto de energia com a defesa primária e com a alucinação, além de não fazer cessar os estímulos endógenos, no caso da fome.

[102] Sabe-se que, ao escrever a terceira parte do *Projeto*, Freud não revisou a primeira parte, pois as enviava diretamente a W. Fliess. Gabbi Jr. sugere que se podem ler as três partes do *Projeto* como três trabalhos cronologicamente distintos. Cf. Gabbi Jr., O. F., *Freud: Racionalidade, Sentido e Referência*, p. 79, 1994.

[103] *Projeto*, p. 85.

[104] Poderíamos nos perguntar se este aprendizado não está em contradição com a tendência do aparelho psíquico a alucinar. Gabbi Jr. discute essa questão em *Freud: Racionalidade, Sentido e Referência*, p. 78, quando se refere ao dilema de Freud em supor ou não a existência do ego desde a origem do indivíduo no *Projeto "..se o eu existir desde o início, o estabelecimento das duas vivências não poderia gerar condições para sua repetição alucinatória porque seriam inibidas pelo eu...O problema da alucinação só se coloca na repetição. Portanto Freud teria que supor que a alucinação é uma virtualidade que se efetivaria quando o eu, por alguma razão, falhasse. Se o eu não estiver presente desde o início, então a questão desloca-se para a explicação de sua gênese, na medida em que uma vez estabelecido o império da alucinação não haveria como escapar dele....Entre as duas possibilidades, Freud preferiu arriscar a segunda,..."* A solução de Freud é supor que uma parte do ego, o núcleo, está presente desde o início. A repetição das vivências fundamentais pertenceria aos primórdios do aparelho psíquico, pois logo começa a se associar ao núcleo a parte variável do ego, que garantirá a inibição do

aprende a tolerar um acúmulo de energia, evitando ocupar de modo muito intenso uma representação, para que ela não se confunda com uma percepção.

A inibição do ego

A atribuição de importância ao signo de realidade redundou em salientar a importância do papel do ego. Para fazer uso de forma correta do signo de realidade, ou seja, para considerá-lo como efeito exclusivamente de uma percepção externa, é necessário que o ego iniba os processos psíquicos primários. Eles seriam, no dizer de Freud, a catexia de desejo até a alucinação e o total desenvolvimento do desprazer que produz o gasto total de energia na defesa. A inibição se dá através das ocupações laterais graças a caminhos construídos pelo ego. A inibição permite a ocorrência de processos psíquicos secundários, que são uma moderação dos processos psíquicos primários. Já que os caminhos de eliminação de quantidade, que foram estabelecidos pelas vivências de dor e de satisfação, são caminhos fundantes do psiquismo e não podem ser alterados, a diferença entre o processo primário e o secundário está na magnitude de quantidade que percorre estes caminhos. Uma menor quantidade não produz alucinação, mas um estado de expectativa. Esse estado de expectativa promovido pela inibição é o mecanismo de atenção.

A inibição em *A Interpretação dos Sonhos*

Para compreendermos a função de inibição em *A Interpretação dos Sonhos*, é preciso apresentar, ainda que de forma sucinta, o mo-

processo que leva à alucinação. A tendência a alucinar é de fato o modo de funcionamento do aparelho psíquico anterior à constituição do ego. No *Projeto*, Freud parte de um ego primitivo e mostra o seu desenvolvimento. Isso permite que ele exponha tanto as vivências fundamentais quanto o modo pelo qual o ego se constitui de modo a impedir a alucinação.

delo de aparelho psíquico do capítulo intitulado *A Psicologia dos Processos Oníricos*, também conhecido como *capítulo VII*.[105] Freud propõe que esqueçamos um pouco a anatomia e imaginemos uma localização psíquica. O aparelho mental, pensado em termos puramente psicológicos, seria composto de diferentes sistemas e possuiria um sentido ou direção. Haveria uma extremidade sensória, receptora de estímulos internos ou externos e uma extremidade motora. De acordo com Freud, a primeira extremidade recebe percepções e a segunda dá acesso à atividade motora. A direção geralmente seguida pelos processos psíquicos é da extremidade perceptual ou sensória para a extremidade motora, direção que Freud chamará de "progressiva". O termo "regressão" será usado para se referir a situações em que a excitação (o que no *Projeto* chamáramos de energia) se movimenta para trás, no sentido da extremidade sensória do aparelho, chegando a atingir o sistema perceptivo. Isso explicaria a vividez sensorial dos sonhos e das alucinações. (p. 573-8)

De modo semelhante ao do *Projeto*, o primeiro sistema, que se caracteriza pela recepção de estímulos perceptivos não tem a função de reter qualquer conteúdo. Isso é da alçada dos sistemas seguintes, os sistemas mnemônicos, que não apenas retêm de maneira permanente estes conteúdos, mas ligam estes conteúdos de forma associativa (por exemplo, por simultaneidade ou por similaridade). (p. 575)

Um dado importante sobre o sistema perceptivo, no entanto, é que ele é o responsável por fornecer à consciência as qualidades sensórias. A vividez sensorial experimentada nos sonhos e nas alucinações somente é possível por meio do sistema perceptivo (Pcpt.); memória e qualidade sensória (atributo da consciência) se excluem mutuamente. (p. 576)

O penúltimo sistema desse aparelho é o sistema Inconsciente, cujos conteúdos foram deliberadamente excluídos da consciência pela ação da repressão. Os conteúdos reprimidos do Inconsciente sofre-

[105] ESB V, p. 543-610.

ram a censura por parte do sistema Pré-consciente, localizado na extremidade motora do aparelho psíquico. Este último é o sistema fundamental para a compreensão do funcionamento do teste de realidade. (p. 577)

Freud descreve o sistema Pré-consciente como uma instância crítica, que dirige nossa vida de vigília e que detém a chave do movimento voluntário e de nossas ações conscientes. Os processos que nele ocorrem podem passar diretamente à consciência desde que atinjam uma determinada intensidade de energia. O sistema Pré-consciente faz aqui o papel do ego do *Projeto* que influi no percurso da energia que se desloca pelo aparelho psíquico.

Em relação à atividade de repressão exercida pelo sistema Pré-consciente aos conteúdos do sistema Inconsciente, Freud faz uma menção à função de inibição:

> "*Como vimos, há na mente desejos 'reprimidos' que pertencem ao primeiro sistema e a cuja realização se opõe o segundo sistema... A teoria da repressão, que é essencial ao estudo das psiconeuroses, afirma que esses desejos recalcados* ainda *existem " embora haja uma inibição simultânea que os contém. ... Na eventualidade, contudo, de um desejo suprimido desse tipo ser levado a efeito, e de sua inibição pelo segundo sistema (o sistema que é admissível à consciência) ser derrotada, essa derrota encontra expressão como desprazerosa.*" [106]

Trata-se de entender como ocorre essa inibição, isto é, como ela opera, a partir do sistema Pré-consciente, para conter os desejos reprimidos. A inibição é, antes de mais nada, uma inibição da regressão. O que ela visa impedir é que o movimento natural de nossas rememorações intencionais e de parte de nosso pensamento normal atinja as imagens perceptuais. Explico. Freud admite que o movi-

[106] ESB IV, p. 250-1. O destaque é de Freud.

mento retrogressivo seja natural no processo de pensar ou de rememorar, pois partimos de um ato ideacional[107] complexo para a matéria-prima dos traços de memória subjacentes a ele. Esse movimento só não se estende além das imagens mnemônicas, ou seja, não atinge a vividez sensorial do sistema perceptivo, porque sofre uma ação de inibição. (p. 579)

Freud introduz a idéia de inibição da regressão ao apresentar, de modo semelhante ao do *Projeto*, a origem do desejo a partir da vivência de satisfação. Fala em como uma primeira atividade psíquica teria como objetivo estabelecer uma "identidade perceptiva", ou seja, repetir a percepção que se achava ligada à satisfação da necessidade. É essa a tendência do processo primário, o reencontro e a descarga imediata, o que quase sempre leva à alucinação (caminho mais curto para obter a identidade de percepção). Num segundo momento, essa atividade primária se teria tornado uma atividade secundária, mais adequada ao alcance da satisfação almejada. A "identidade de pensamento", para o qual tende o processo secundário, está a serviço da identidade de percepção. É um desvio do caminho que leva à realização do desejo, promovendo um retardo da descarga. (p. 603)

> "*Para chegar a um dispêndio mais eficaz da força psíquica, é necessário deter a regressão antes que ela se torne completa, para que não vá além da imagem mnêmica e seja capaz de buscar outros caminhos que acabem levando ao estabelecimento da desejada identidade perceptiva a partir do mundo exterior. Essa inibição da regressão e o subseqüente desvio da excitação passam a ser da alçada de um segundo sistema, que controla o movimento voluntário – isto é, que pela primeira vez se vale do movimento para fins lembrados de antemão.*"[108]

[107] O termo "ato ideacional" é a tradução proposta na ESB para o alemão *Vorstellungsakt*. *Studiensausgabe, Band II*, p. 518.

[108] *A interpretação dos sonhos*, ESB V, p. 603.

Em relação à idéia de estabelecer a identidade perceptiva a partir do mundo exterior e, portanto, evitar que ela seja estabelecida a partir do interior, Freud acrescenta uma nota de rodapé em 1919: *"Noutras palavras, torna-se evidente que tem de haver um meio de testar a realidade".*[109] Essa é a função da inibição e do desvio que ela promove, ou seja, o retardo ou processo de pensar. Como podemos perceber, Freud insere a função de inibição e retardo dentro de uma nomenclatura geral de "teste de realidade".

É no item intitulado *Os Processos Primário e Secundário – Repressão*, que Freud descreve os dois modos de funcionamento mental.

> *"Proponho descrever o processo psíquico admitido exclusivamente pelo primeiro sistema como 'processo primário', e o processo que resulta da inibição imposta pelo segundo sistema, como 'processo secundário'".*[110]

O ponto de partida para ambos é o mesmo. Um acúmulo de excitação, não importa de qual origem, gera a sensação de desprazer e coloca o aparelho psíquico em funcionamento para repetir a experiência de satisfação que implicou diminuição da excitação e foi vivida como prazer.[111] O processo primário é o nome dado à atividade do sistema Inconsciente que busca garantir uma livre descarga das quantidades de excitação. Esse processo permite a circulação livre de excitação pelos sistemas mnemônicos, podendo chegar ao sistema Perceptivo e produzir a alucinação. O processo secundário é responsável por desviar a excitação ao longo de um caminho indireto (retardo ou processo de pensamento) que, *"... em última análise, através do movimento voluntário, alteraria o mundo externo de uma maneira tal*

[109] *Ibidem*, p. 603.

[110] *Ibidem*, p. 640.

[111] A essa excitação que começa do desprazer e visa ao prazer Freud dá o nome de "desejo". Acrescenta que somente um desejo põe o aparelho psíquico em movimento e que seu curso é regulado pelas sensações de prazer e de desprazer. (p. 636)

que se tornaria possível chegar a uma percepção real do objetivo da satisfação." Vemos novamente a função de inibição e retardo cumprindo o papel de permitir a percepção real de um objeto, identificando-o no mundo externo.

Como age o processo secundário? Por desvio (retardo ou processo de pensar) e pela atividade exploratória, realizada com pequenas quantidades de energia. A maior parte da energia fica em estado de quietação. É a inibição que transforma a energia livre em energia, quiescente ou, em outras palavras, ligada.

> "*Depois que o segundo sistema conclui sua atividade exploratória de pensamento ele suspende a inibição e o represamento das excitações e lhes permite serem descarregadas no movimento.*"[112]

Freud traça alguns comentários considerando as relações existentes entre a inibição da descarga exercida pelo segundo sistema, o Pré-consciente, e a regulação efetuada pelo princípio do desprazer – mais tarde chamado por Freud de princípio de prazer.[113]

De acordo com a tendência do aparelho psíquico de abandonar a imagem mnêmica aflitiva imediatamente (Freud invoca a existência de uma experiência semelhante à da vivência da dor do *Projeto* para justificar essa tendência), sempre haverá, por parte do sistema Pré-consciente, uma inibição da descarga na direção do desenvolvimento do desprazer.

A inibição da descarga tem portanto dois aspectos: primeiramente um aspecto quantitativo, isto é, a energia livre se torna energia ligada num processo de contenção e apenas uma pequena quantidade é usada para o mecanismo exploratório ao longo das vias de pensamento; em segundo, um aspecto que diz respeito ao princípio do desprazer,

---

[112] *Ibidem*, p. 638.

[113] Em *A Interpretação dos Sonhos* encontramos "princípio do desprazer" e não "princípio de desprazer". Mas, a partir de 1911, quando formula os princípios de prazer e de realidade, trata-se de "princípio de prazer" e não "princípio do prazer".

ou seja, é possível catexizar uma idéia desagradável desde que se evite a liberação do desprazer. Isso deve sempre ser evitado.

> "...*o segundo sistema só pode catexizar uma idéia se encontrar-se em posição de inibir o desenvolvimento do desprazer que dela pode provir. Qualquer coisa que pudesse fugir a essa inibição seria inacessível tanto ao segundo sistema quanto ao primeiro, porque seria prontamente abandonada em obediência ao princípio do desprazer.*"[114].

Freud aborda neste mesmo item *Os Processos Primário e Secundário – Repressão*, idéias que nos levam a considerar as condições de funcionamento do teste de realidade. Esse teste somente é possível pela existência do sistema Pré-consciente que, ao inibir o modo de funcionamento primário do aparelho psíquico, permite a ocorrência do processo secundário. No entanto, Freud recorre ao hiato temporal que existiria entre um momento inicial, em que o aparelho psíquico funciona quase que integralmente de acordo com o processo primário, e o momento em que o processo secundário passa a ser dominante, para invocar a existência permanente de "*impulsos inconscientes impregnados de desejo*", inacessíveis à compreensão e à inibição do sistema Pré-consciente. São impulsos oriundos da infância, que não podem ser destruídos, nem inibidos.

> "*...os processos primários acham-se presentes no aparelho mental desde o princípio, enquanto é apenas no decorrer da vida que os processos secundários se desdobram e vêm a inibir e sobrepor-se aos primários; poderá mesmo acontecer que sua dominação completa não seja atingida antes da plenitude da vida. Em conseqüência do aparecimento atrasado dos processos secundários, o âmago de nosso ser, consistente de impulsos inconscientes impregnados de desejo, permanece inacessível à compreensão e à inibi-*

[114] *Ibidem*, p. 639. Os destaques são de Freud.

ção do pré-consciente; o papel desempenhado pelo último restringe-se, de uma vez por todas, a dirigir ao longo dos caminhos mais convenientes os impulsos impregnados de desejo que surgem do inconsciente."[115]

Não se trata, aqui, de processos inibidos. O papel do sistema Pré-consciente não é o de contenção ou desvio. Ele acompanha o impulso e lhe empresta as representações necessárias para a sua expressão, como vemos nos sonhos ou nos sintomas neuróticos.

> *"Estes desejos inconscientes exercem uma força compelidora sobre as tendências mentais posteriores, uma força com que essas tendências são obrigadas a harmonizar-se ou que podem talvez esforçar-se para desviar ou dirigir para objetivos mais elevados."*[116]

Concluímos assim que os desejos inconscientes do âmago de nosso ser, não passíveis de destruição nem de inibição, podem encontrar três destinos: expressar-se diretamente, ainda que acompanhados pelo sistema Pré-consciente; por meio do sistema Pré-consciente, ser dirigidos para objetivos mais elevados; entrar em contradição com as idéias do sistema Pré-consciente, gerar desprazer para esse sistema caso sejam realizados e, portanto, criar a necessidade da repressão. Freud nos recorda a idéia de que o que é prazer para um sistema pode não sê-lo para o outro, como no caso da repugnância que surge na infância apenas num segundo momento, relacionada ao processo secundário. Num primeiro momento, no lugar da repugnância havia prazer. Essa busca pelo prazer, atribuída a um desejo inconsciente, não pode ser inibida.

> *"As lembranças sobre cuja base o desejo inconsciente ocasiona a liberação do afeto (de prazer) nunca foram acessíveis ao Pcsc. e,*

[115] *Ibidem*, p. 642.
[116] *Ibidem*, p. 642.

consequentemente, a liberação do afeto vinculada a essas lembranças não pode ser tampouco inibida."[117]

Vimos que a função de inibição, que pertence ao teste de realidade, não opera sobre um determinado tipo de desejo inconsciente. Trata-se de "*impulsos impregnados de desejo oriundos da infância*". Sabemos que Freud não se refere a quaisquer desejos, mas aos desejos relacionados à sexualidade, que encontrarão vias de manifestação pelo sonho e pelo sintoma neurótico. Esses impulsos, que buscam o prazer e são inacessíveis à compreensão, também ajudam a delimitar o campo da fantasia.[118] E, como vimos no primeiro capítulo, nos momentos em que predomina a fantasia, o teste de realidade não opera.

A idéia de uma inibição insuficiente relacionada à sexualidade já aparece na *Carta 52*,[119] de 6/12/1896. Nela, Freud diz que o desprazer gerado por uma lembrança relativa a um evento sexual não pode ser inibido, porque a magnitude das excitações que eles causam aumentam por si mesmas com o desenvolvimento sexual ao longo do tempo: "*Assim, um evento sexual ocorrido numa fase determinada, atua sobre a fase seguinte como se fosse um evento atual e, por conseguinte, não é passível de inibição.*"[120]

Freud conclui com a seguinte idéia: como nem todas as experiências sexuais ocorridas na infância produziram desprazer, a reprodução da maioria delas está ligada a "*prazer isento de inibição*" e isto constitui uma "*compulsão*".[121]

Na recordação de uma experiência sexual numa fase diferente daquela em que ocorreu, a liberação de prazer não inibida se torna compulsão e a liberação de desprazer não inibida se acompanha da repressão.

---

[117] *Ibidem*, p. 643.

[118] Cf. item 1.1 do Capítulo 1 sobre a relação entre sexualidade e fantasia.

[119] ESB I, p. 320.

[120] ESB I, p. 320. Nunca é demais lembrar que a formulação da teoria sobre a sexualidade infantil somente vem à tona em 1905.

[121] ESB I, p. 320. O destaque é de Freud.

Freud tem em mente a teoria da sedução, mais tarde substituída pela idéia de que os "eventos sexuais" não passavam de fantasias.[122] Mesmo em se tratando de fantasias, é possível conceber uma magnitude de excitação que não pode ser inibida na medida em que ela aumenta por si mesma com o desenvolvimento sexual ao longo do tempo e atinge o ego de surpresa. A compreensão, *a posteriori*, do significado daquilo que se passou, seja evento real ou fantasia, "inunda" o ego.

Podemos aqui formular uma hipótese sobre a razão pela qual Freud restringe o campo em que o teste de realidade opera, ao menos no que tange à sexualidade. Quando se trata da sexualidade que aparece sob a forma dos impulsos inconscientes impregnados de desejo que constituem o âmago de nosso ser ou como fantasia que desperta grande excitação, constata-se que a inibição não opera. No primeiro caso, porque há um hiato temporal entre um momento inicial do funcionamento do aparelho psíquico em que predomina o processo primário e o momento seguinte, em que o processo secundário é dominante. Esse hiato gera a possibilidade de que determinados impulsos inconscientes impregnados de desejo sejam inacessíveis à compreensão e à inibição. No segundo caso, porque a magnitude de excitação é grande, aumenta com o tempo e pega o ego desprevenido, não sendo possível inibi-la. Dessa forma, constitui-se um campo em que não opera o teste de realidade. A inibição e o teste de realidade dizem respeito a outros processos do aparelho psíquico, mas não às fantasias e à sexualidade.

Síntese

Vimos neste capítulo a descrição do modo de funcionamento da inibição no *Projeto* e em *A Interpretação dos Sonhos*. A inibição

[122] O abandono da teoria da sedução ocorre em 21 de setembro de 1897.

pode ser considerada como o primeiro elemento do teste de realidade, na medida em que interrompe o processo de livre circulação de energia que resultaria em alucinação ou em defesa primária e permite a ocorrência de uma atividade psíquica que leva em conta aquilo que se apresenta na realidade. A inibição, assim como os demais elementos do teste de realidade, é uma função que pertence ao ego.

No *Projeto*, Freud descreve a atuação da inibição por meio de uma ocupação lateral realizada por neurônios que pertencem ao ego. A energia que percorre um determinado caminho é desviada por força de uma atração exercida por neurônios adjacentes, pertencentes ao ego. Estes agem como uma massa magnética que influencia o que acontece à sua volta. Desse modo é interrompido, ou melhor, inibido, o processo que levaria à descarga. A inibição introduz a possibilidade de se esperar pela presença do objeto de satisfação no mundo externo.

Em *A Interpretação dos Sonhos* a função de inibição também é apresentada numa situação de promover o desvio de um caminho que levaria à alucinação. Inibe-se o movimento retrogressivo natural do processo de pensar, que tende a se estender até atingir o sistema perceptivo. A inibição promove o retardo da descarga e promove o processo de pensar.

A função de inibição não age, entretanto, sobre os afetos liberados por recordações de eventos sexuais ocorridos numa fase precoce do desenvolvimento[123] e tampouco sobre os impulsos sexuais impregnados de desejos, oriundos da infância e que constituem o âmago de nosso ser[124]. No que diz respeito ao teste de realidade, novamente constatamos a existência de fatores que impedem o seu funcionamento em maior ou menor extensão, bem como situações em que ele não opera.

---

[123] Cf. *Carta 52* e item 3 da Parte III do *Projeto*.

[124] Cf. item E do *Cap. VII* de *A Interpretação dos Sonhos*.

ATENÇÃO

Vimos no primeiro capítulo que a atenção aparece como um dos elementos que compõem o teste de realidade. Hurvich a menciona entre os "*mecanismos, processos e funções envolvidos no teste de realidade, e explicitamente mencionados por Freud*" e Strachey considera, como as duas principais linhas de pensamento que dizem respeito ao teste de realidade, a idéia de que haveria uma função de exploração do mundo externo (atenção) e a idéia de que alguns mecanismos executariam uma função inibidora e retardadora do processo primário.

Após o exame do mecanismo de inibição, no capítulo anterior, passaremos agora ao exame da atenção.

Exploração do mundo externo e consciência das percepções

Podemos reconhecer o mecanismo de atenção como parte do teste de realidade em *Formulações*, em que Freud o classifica entre as mudanças necessárias para que o aparelho psíquico passe a operar de acordo com o princípio de realidade. Nele, Freud descreve a atenção como uma função que explora periodicamente o mundo exterior para conhecer de antemão seus dados.

> *"Instituiu-se uma função especial, que tinha de periodicamente pesquisar o mundo externo, a fim de que seus dados já pudessem ser conhecidos se uma urgente necessidade interna surgisse: a função da atenção. Sua atividade vai encontrar as impressões sensórias a meio caminho, ao invés de esperar por seu aparecimento."*[125]

Além desse texto de 1911, podemos considerar que é no *Projeto*, de 1895, que Freud trata amplamente da "atenção" como sendo uma das principais forças em ação no aparelho psíquico e a relaciona ao teste de realidade. Na opinião de Strachey, outros textos não diriam muito sobre a atenção.[126] De fato, parece-nos, um exame mais detalhado do funcionamento da atenção é encontrado apenas no *Projeto*. No entanto, podemos reconhecer em três textos especificamente, além do *Projeto*, uma concepção semelhante à de *Formulações*. São eles: *Suplemento Metapsicológico*, de 1917, *O Bloco Mágico*, de 1924, e *A negativa*, de 1925.

Aquilo que aparece em *Formulações* como uma função que permite que os dados do mundo externo sejam conhecidos, é descrito no *Projeto* como uma condição para que haja consciência das percepções. Ao tratar do sono e dos sonhos nesse texto, Freud descreve a atenção como uma catexia constante e deslocável que durante o dia é mandada ao encontro dos neurônios do manto – parte móvel do ego que recebe as percepções de *phi*. (p. 50) À noite, quando os órgãos dos sentidos passíveis de oclusão – os olhos – são fechados, retira-se o mecanismo de atenção, pois não deve haver percepções no sono. Não que elas não existam, dirá Freud. O que não existe é

[125] *Formulações*, ESB XII, p. 280.

[126] Segundo Strachey, poder-se-ia inferir, através de alusões ao exame da atenção encontradas em leitura do artigo metapsicológico de 1915, *O inconsciente*, que Freud teria examinado essa função no artigo extraviado intitulado *A consciência*.

uma catexia de energia suficiente para que ocorra a consciência dessas percepções.

> "*Se* psi *retirar essas ocupações do manto, as percepções produzem-se sobre neurônios não ocupados, são pequenas, talvez nem sejam capazes de dar um signo de qualidade a partir de ômega. Então com o esvaziamento dos neurônios* ômega, *como temos conjeturado, também cessa uma inervação de eliminação que intensifica a atenção.*"[127]

No *Suplemento*, de 1917, Freud não menciona o termo "atenção", mas podemos inferir que é disso que se trata – assim como Strachey o fez em nota introdutória a esse artigo – quando ele se refere ao investimento da percepção e da consciência como condição de acesso ao mundo externo. Nesse texto, a relação com o mundo externo está a cargo do sistema de percepções, Cs.[128] Essa idéia aparece quando Freud trata da perda de contato com a realidade na psicose. Comentando certo tipo de psicose, a amência, Freud dirá que, por querer negar a realidade ou uma parte dela, "*... o ego rompe sua relação com a realidade; retira a catexia do sistema de percepções, Cs. – ou antes, talvez, retira uma catexia, cuja natureza especial pode ser objeto de indagação ulterior.*"[129]

No estado de sono ocorre algo semelhante:

> "*O estado de sono não deseja conhecer coisa alguma do mundo externo; não se interessa pela realidade, ou só se interessa na medida em que o abandono do estado de sono – o despertar – se acha em causa. Por conseguinte, retira a catexia do sistema Cs., ...*"[130]

---

[127] *Projeto*, p. 50.
[128] Em 1917, Freud junta a consciência e a percepção num único sistema. Estender-nos-emos um pouco, logo adiante, sobre as junções e separações entre essas duas noções na obra de Freud.
[129] *Suplemento*, p. 265-6.
[130] *Suplemento*, p. 266.

Obviamente essa retirada é voluntária, ao contrário do que ocorre na psicose.

Para entender melhor o que significa a idéia de uma retirada da catexia do sistema de percepções Cs., consideremos o argumento de Nascimento.[131] Para ele, na psicose, a retirada da catexia do sistema Cs. não significa uma confusão entre a alucinação no estado de vigília e a alucinação no sonho, já que, em relação ao estado de sono, o ego do psicótico se comporta de forma semelhante ao ego do indivíduo normal ou neurótico, ou seja, ele bloqueia o acesso à motricidade. A catexia que é retirada do sistema Cs. não é a catexia da consciência, que está presente nas alucinações e no sonho, mas é a inervação que permite a comunicação entre os órgãos dos sentidos e o aparelho psíquico. O rompimento ocorre nas duas direções desse eixo de comunicação: não chegam os estímulos vindos do mundo externo e tampouco se tem acesso à motricidade. Essa inervação constituía a atenção.

Citando Nascimento:

> "*No estado de sono, o ego retira seus investimentos e não pode manter a atenção dirigida ao eixo* phi-ômega *(percepção-consciência). Ou seja, a retirada de seus investimentos implica a impossibilidade do ego de continuar a orientar a energia psíquica em direção a fatos perceptivos.*"[132]

Encontramos no *Projeto* uma passagem que reforça o argumento de Nascimento. O mecanismo de atenção está continuamente voltado para o registro das notícias de eliminação de *ômega*. Tanto *phi* (percepção) como *ômega* (consciência) têm ligação anatômica com os órgãos dos sentidos.

> "*Tem de se supor para esse objetivo que os neurônios* ômega *estejam originariamente em ligação anatômica com a condução dos*

[131] Nascimento, M. B., *La constitution de la realité chez le sujet humain: psychisme, réel et épistémologie*, p. 68-70, 1998.

[132] *Ibidem*, p. 70. A tradução e os parênteses são nossos.

diversos órgãos dos sentidos, e que dirijam de novo sua eliminação para aparelhos motores que pertencem aos mesmos órgãos dos sentidos. Então, a notícia da última eliminação (aquela da atenção reflexa) tornar-se-á biologicamente, para psi, *um sinal para enviar quantidade de ocupação nessas mesmas direções.*"[133]

Voltando a 1917, com o sistema Cs., ou melhor, com o eixo órgãos dos sentidos – percepção-consciência " não-catexizado, a possibilidade do teste da realidade é abandonada. Tanto a consciência da percepção de um objeto, quanto a ação motora que determina se se pode fazer com que uma percepção desapareça, ou se ela oferece resistência, estão fora de ação.

Em *O Bloco Mágico*, de 1924, Freud compara o aparato psíquico com um bloco de anotações que tem a característica de servir de suporte para a escrita, fazê-la desaparecer e, ainda assim, conservá-la. Isso remete Freud à sua concepção de que o sistema Pcpt.-Cs recebe constantemente cargas psíquicas, de dentro, que o inervam, mas também é sujeito à retirada das mesmas. Quando investido de energia, esse aparato recebe as percepções, tem consciência delas e transmite os estímulos ao sistema de memória. Quando está sem energia, a consciência se extingue e o sistema não funciona.

"*É como se o inconsciente destacasse por meio do sistema Pcpt-Cs. e em direção ao mundo exterior, tentáculos sensíveis e os retirasse assim que tivessem classificado as excitações dele provenientes.*"[134]

Embora Freud não use o termo atenção, podemos inferir que é disso que trata, já que a descrição desse processo de inervação do sistema Pcpt-Cs., que permite o recebimento dos estímulos do mundo externo, guarda semelhanças com descrições anteriores (1895, 1911).

[133] *Projeto*, p. 40.
[134] *O Bloco Mágico*, ESB XIX, p. 290.

Freud deduz dessa comparação entre o aparelho psíquico e o bloco mágico a descontinuidade das inervações da percepção e, portanto uma insensibilidade periódica aos estímulos externos.

Por último, em *A negativa,* de1925, Freud faz um pequeno comentário sobre a atenção, também sem mencioná-la explicitamente:

> "*O ego envia periodicamente pequenas quantidades de catexia para o sistema perceptual, mediante as quais classifica os estímulos externos e então, depois de cada um desses avanços experimentais, se recolhe novamente.*"[135]

Esse processo ocorre na extremidade sensorial do aparelho psíquico, em conexão com as percepções dos sentidos. E Freud acrescenta: "*... em nossa hipótese, a percepção não é um processo puramente passivo.*"[136]

Em todos esses textos encontramos, assim, a atenção referida à consciência e à percepção de estímulos externos e parece que é isso que nos interessa no que tange ao teste de realidade. A atenção, *grosso modo*, pode ser definida como uma exploração periódica do mundo externo realizada por catexias emitidas pelo ego. Trata-se de preparar o aparelho psíquico para receber percepções e ter consciência delas.

A atenção aparece ora como uma função (*Formulações*), ora como mecanismo (*Projeto*), e também aparecerá como energia do pré-consciente utilizada pela consciência (*A Interpretação dos Sonhos*). Apesar da diferença de termos, acreditamos que Freud, nos diferentes textos, não muda significativamente o sentido que confere à atenção – há uma energia da atenção que executa uma função. No entanto, o percurso por esses vários textos levanta algumas questões que devemos mencionar. A primeira questão concerne à relação entre atenção e percepção ativa.

---

[135] *A negativa*, ESB XIX, p. 299.

[136] *Idem*.

Atenção e percepção ativa

Freud diz em 1925 que a percepção não seria um processo puramente passivo. Na verdade, tomando os textos que fazem referência à atenção, temos a impressão de que a percepção em Freud seria um processo predominantemente ativo. Nos textos acima vimos que a atenção dirigida aos fatos perceptivos que vêm do mundo externo é que permite a consciência deles. Mais do que isso, ela pesquisa e explora o mundo externo, vai *"... encontrar as impressões sensórias a meio caminho, ao invés de esperar por seu aparecimento."*[137]

Pode a percepção não ser ativa? Isso ocorre quando Freud descreve situações em que há percepção sem consciência. Em Freud encontramos esta possibilidade quando a percepção não está associada à atenção. É o caso da percepção durante o estado de sono, como vimos acima, ou na situação de hipnose.[138] É o caso também quando ocorre a falha do mecanismo de atenção. Se o mecanismo de atenção falhar, o ego não se encontrará em estado de expectativa. O curso da quantidade perceptual – que vem de *phi* – percorrerá caminhos a esmo e logo terminará, tendo passado despercebido. Isso se traduz como uma possível falta de consciência de elementos que poderiam estar presentes na percepção. Não significa necessariamente um processo patológico. É apenas um curso perceptivo sem atenção. A quantidade envolvida é muito pequena. Segundo Freud, isso deveria ocorrer inúmeras vezes por dia.[139]

Talvez seja esse um bom momento para descrever a atenção, tal qual aparece no *Projeto*; afinal, é a partir dessa descrição que pensamos a idéia de uma percepção ativa.

---

[137] *Formulações*, ESB XII, p. 280.

[138] No *Projeto,* Freud tenta explicar a hipnose pela retirada da atenção. (p. 50) Isso talvez explicasse a aparente inexcitabilidade dos órgãos dos sentidos. Há percepção sem consciência e isso ajuda a entender que na hipnose não ocorre o teste de realidade.

[139] *Projeto*, p. 77.

A atenção no *Projeto*

É no *Projeto* que Freud menciona pela primeira vez o mecanismo da atenção psíquica. A atenção funciona com a inibição, o julgamento e o pensamento para possibilitar a distinção entre percepção e representação. Trata-se de uma predisposição para localizar o que se deseja, isto é, que permite que se localize a percepção buscada entre as múltiplas percepções que chegam ao aparelho psíquico a partir do mundo externo. É a essa predisposição que Freud dará o nome de "estado de expectativa do ego".

Lembremos que essa operação de localização da percepção do objeto desejado ocorre no sistema *psi*, o sistema da memória. Existem em *psi* percepções, isto é, esse é o nome que recebem as representações em *psi* que são ocupadas a partir de um objeto externo captado por *phi* (sistema percepção) num determinado momento. A energia induzida por um objeto externo propaga-se através de *phi*, cria em *psi* uma representação que lhe corresponde. Várias percepções são registradas em *psi* num certo momento e é necessário um procedimento de localização da percepção do objeto desejado. Imaginemos, por exemplo, que o bebê deseje encontrar o seio materno para sugá-lo e saciar sua fome. Junto com a percepção do seio há a percepção de outros objetos. Se o mecanismo de atenção não funcionar, a percepção do seio não se destacará em relação às demais e pode até nem ser notada. Em termos mais simples, é como se o ego dirigisse a sua atenção para localizar o registro da percepção do objeto desejado. O mecanismo de atenção é responsável por dirigir o deslocamento das ocupações do ego.

Podemos entender o funcionamento do mecanismo de atenção comparando-o ao de inibição. Na inibição é evitado um superinvestimento, isto é, uma catexia exagerada dos neurônios em *psi* responsáveis pelo registro da percepção[140]. Não pode haver o

[140] Um objeto é sempre representado por um conjunto de neurônios ou complexo de neurônios, como afirma Freud.

desenvolvimento do estado de desejo até a alucinação, como vimos no capítulo anterior. Já no mecanismo de atenção tem que haver uma pré-catexia deste mesmo grupo de neurônios. É como estar em estado de prontidão para o aparecimento do objeto e, aí sim, poder realizar uma catexia intensa e garantir a eliminação (realização da ação desejada).

O objetivo do mecanismo de atenção é ocupar previamente o complexo perceptivo em psi para manter a expectativa de encontrar o objeto desejado. No entanto, não é preciso ocupar todo o complexo. É suficiente ocupar os neurônios que correspondem aos signos de qualidade. Estes são os sinais de descarga da consciência (ômega).

Como vimos no capítulo anterior:

> "*Em toda percepção externa origina-se uma excitação qualitativa em w* (ômega), *mas que no início é sem significado para* psi. *Tem-se ainda que acrescentar que a excitação* ômega *conduz à eliminação* ômega *(eliminação motora) e, a partir dela, (...) chega até* psi *uma notícia. Então a notícia de eliminação de* ômega *é o signo de qualidade ou de realidade para* psi."[141]

O grupo de neurônios em *psi* que corresponde aos sinais de descarga de *ômega* (signos de qualidade) é muito menor do que o campo de todas as percepções, diminuindo os gastos do ego. Lembremos que tanto a excitação da consciência quanto a eliminação têm registro em *psi*. Trata-se então de ocupar em *psi* apenas os neurônios que correspondem a uma eliminação motora da consciência ocorrida anteriormente, quando da presença real do objeto, e não os neurônios que correspondam à percepção do objeto desejado.

---

[141] *Projeto*, p. 39.

Diante da presença real do objeto, *ômega* emite signos de qualidade que reforçam a catexia prévia.[142] Nesse momento a atenção se desloca do registro dos signos de qualidade para o registro das percepções e produz um superinvestimento destes. O superinvestimento ou catexia mais intensa garante o aproveitamento da percepção.

Toda essa descrição vem reforçar a idéia de uma preparação para perceber os estímulos vindos do mundo externo, uma percepção ativa. A partir dessa idéia fica evidente o porquê de a atenção participar do processo de distinção entre percepção e representação. É que, para que a percepção seja validada como tal, é preciso haver o estado de expectativa. Sem ele, a percepção não será devidamente notada.

Mas, e quando as percepções não coincidem com o objeto desejado? A atenção consiste em produzir a situação psíquica do estado de expectativa até para aquelas percepções que não coincidem parcialmente com ocupações de desejo. Aqui Freud descreve uma situação muito parecida com a que aparece em Formulações: "Tornou-se, de fato, importante enviar uma ocupação de encontro a todas as percepções, pois entre elas poder-se-ia encontrar as desejadas."[143]

Nesse caso, a atenção dá origem ao processo de pensar, que chega ao fim quando se alcança a identidade, dando início à ação motora.[144]

---

[142] A produção de signos de qualidade também poderia ocorrer na situação de atração primária do desejo em que existe uma catexia intensa da percepção em psi a partir do interior. Isso foi visto no capítulo anterior. Mas, quando descreve o mecanismo de atenção, Freud supõe que a inibição do ego está funcionando e garantindo a catexia moderada dos complexos neuronais. Nesse caso, os signos de qualidade só poderiam ser realmente emitidos quando houvesse a presença efetiva do objeto do mundo externo.

[143] *Projeto*, p. 76.

[144] Em *A Interpretação dos Sonhos* Freud faz uma distinção entre os termos "identidade de percepção" e "identidade de pensamento". O aparelho psíquico se orienta pela identidade de percepção, ou seja, no sentido de reencontrar a percepção idêntica à imagem do objeto resultante da vivência de satisfação. É essa a tendência do processo primário, o reencontro e a descarga imediata, o que quase sempre leva à alucinação (caminho mais curto para obter a identidade de percepção). A identidade de pensamento, para a qual tende o processo secundário está a serviço da identidade de percepção. É um desvio do caminho que leva à realização do desejo: retardo da descarga.

Podemos pensar, a partir dessa descrição, que a memória orienta a percepção. A atenção, que dirige os deslocamentos do ego, tem uma referência. Essa referência, na realidade, são duas, a vivência de dor e a vivência de satisfação.[145] O aparelho psíquico não busca apenas reencontrar o objeto de desejo, mas igualmente evitar o objeto hostil. Freud concebe um "*...mecanismo que chame a atenção do eu para a nova ocupação que chega da imagem recordativa hostil...*"[146]. Isso permite que o ego iniba a liberação de desprazer.

Voltando à vivência de satisfação como referência, a percepção à qual o nosso aparelho psíquico se dedica é aquela que busca o objeto que queremos encontrar. Mas, na falha do mecanismo de atenção, até mesmo o objeto desejado pode não ser percebido. Essa é a única possibilidade de se pensar em algo parecido com uma percepção livre ou pura, que se traduz como uma percepção para a qual a nossa consciência talvez não esteja dirigida. Vimos isso em relação ao estado de sono e no caso da hipnose. De modo geral, parece que Freud descreve a percepção como predominantemente ativa, pois há o estado de expectativa e é a partir disso que se pode pensar numa percepção dirigida pela memória (das vivências de dor e de satisfação).

A localização da atenção

A segunda questão levantada pelas passagens sobre a atenção nos textos freudianos que mencionamos refere-se à localização da atenção. Aparecem quatro referências para a sua localização: o ego, o inconsciente, o pré-consciente e a consciência. No *Projeto*, em *Formulações*, no *Suplemento* e em *A negativa*, a atenção é descri-

[145] No próximo capítulo veremos que Freud concebe a possibilidade de algumas formas do pensamento, diferentemente da percepção, serem independentes do estado de expectativa e da atração exercida pela imagem do objeto de desejo.

[146] *Projeto*, p. 38.

ta como uma catexia do ego, que investe o sistema percepção, Cs.[147] Em *O Bloco Mágico* ela tem como sede o inconsciente, pois é dele que partem os "tentáculos sensíveis" em direção ao mundo exterior. Até aí, dada a segunda tópica freudiana, que admite partes inconscientes do ego, poderíamos acomodar o ego e o inconsciente como sede da atenção. Em *A Interpretação dos Sonhos*, 1900, a atenção aparece como energia do sistema pré-consciente. Podemos citar ainda o *Vocabulário de Psicanálise*, de Laplanche e Pontalis[148] onde encontramos a atenção como uma energia livremente móvel, da qual a consciência dispõe.

Em *O Inconsciente*, 1915, Strachey concede alguma importância a esse assunto, dedicando-lhe uma nota de rodapé. Comenta uma frase de Freud em que este diz que *"... sabemos que o ato de se tornar consciente depende de que a atenção do Pcs. esteja voltada para certas direções."*[149] A tradução literal dessa frase, segundo Strachey, colocaria em dúvida se a atenção pertence ao sistema pré-consciente ou consciente: *"aprendemos, além disso, que o tornar-se consciente é restringido por certas direções de sua atenção."*[150] O "sua" refere-se ao pré-consciente ou ao consciente? Não é claro, pois essa frase vem logo após um trecho em que Freud cita ambos.[151] Strachey busca referências em *A Interpretação dos Sonhos*, já que o artigo sobre *A Consciência* foi extraviado. Ele entende que esse trecho de *O Inconsciente* faz alusão a um exame da função de atenção que estaria nesse artigo. O resultado da busca de Strachey, no entanto, leva à localização da atenção no sistema pré-consciente.

---

147 A notação "sistema percepção, Cs." é introduzida por Freud no Suplemento em 1917 e designa a coincidência do sistema perceptivo com a consciência. Isso será abordado logo adiante.

148 Laplanche, J.;Pontalis, J.-B., *Vocabulário de Psicanálise*, p. 135-140 e 648-9, 1986.

149 *O inconsciente*, ESB, XIV, p. 220.

150 *Idem.*

151 A frase completa de Freud é a seguinte: *"Independentemente do fato de o consciente nem sempre ser consciente, mas também às vezes latente, a observação tem demostrado que grande parte daquilo que partilha das características do sistema Pcs. não se torna consciente; aprendemos, além disso, que o tornar-se consciente é restringido por certas direções de sua atenção."* ESB XIV, p. 220.

Porém, poderíamos nos perguntar qual é a importância de pensarmos a atenção como uma energia da consciência, como fazem Laplanche e Pontalis. Os autores colocam a atenção como uma função "eminentemente ligada à consciência" (p. 138), mas citam a hipótese de Freud de que a energia da atenção que superinveste uma percepção seria proveniente do ego (*Projeto*) ou do sistema pré-consciente (*A Interpretação dos Sonhos*) e orientada pelos índices de qualidade fornecidos pela consciência.

A divisão da atenção

Acreditamos poder resolver a questão da localização da atenção adotando uma distinção entre a energia da atenção, que vem do ego ou do pré-consciente[152] e que, nesse sentido é inconsciente em termos descritivos[153] (isso valeria para a idéia de que a atenção parte do inconsciente, em *O Bloco Mágico*), e a função da atenção, exercida pela consciência e que distribui essa energia de forma apropriada. A idéia de uma distribuição ou direcionamento da energia aparece bem em *A Interpretação dos Sonhos*:

> "*Sabemos que a percepção pelos nossos órgãos sensoriais tem o resultado de dirigir uma catexia de atenção para os caminhos ao longo dos quais se desdobra a excitação sensorial aferente; a excitação qualitativa do sistema Pcpt. serve de regulador para o escoamento da quantidade móvel no aparelho psíquico. Podemos considerar que esse órgão superior dos sentidos que é o sistema Cs funciona da mesma maneira. Percepcionando novas qualidades, ele contribui ainda para orientar e repartir apropriadamente as quantidades de investimento móvel.*"[154]

[152] O termo "ego" não aparece em *A Interpretação dos Sonhos*, mas todas as suas funções estão alocadas no sistema Pcs.

[153] Com isso queremos dizer que não estamos falando do sistema Inconsciente, mas de algo que não é consciente. Não se trata de uma oposição dinâmica.

[154] *A interpretação dos sonhos*, ESB V, p. 654.

Freud parece-nos estar dizendo que o mecanismo de atenção, na qualidade de preparação para perceber, isto é, como estado de expectativa, é inconsciente. Também é inconsciente o curso da energia de atenção. Por outro lado, o resultado desse mecanismo vem a ser a consciência das percepções fornecidas pelos órgãos dos sentidos. Da mesma forma, é consciente um pensamento que recebe a energia de atenção.

Já Strachey[155] tem uma posição particular em relação à divisão da atenção entre energia e função. Segundo ele, essa divisão encontra raízes no *Projeto* e segue ao longo da obra de Freud – citada apenas esporadicamente – com dois sentidos bastante diferentes. A atenção como função de exploração do mundo externo, que permite o recebimento dos dados dos órgãos dos sentidos, relaciona-se ao teste de realidade. Já a atenção como energia que pertence ao ego é distribuída de modo a dirigir os investimentos deste. Seu resultado consiste em transformar energia livre em energia ligada (ou vinculada)[156]. Essa diferença de estado da energia psíquica, dita de outra forma, é a diferença entre processos primários (desinibidos) e processo secundário (inibidos). Nesse sentido, a atenção é responsável por levar o ego a inibir o processo primário e permitir a ocorrência do processo secundário, na medida em que dirige seus deslocamentos. (p. 512) Para Strachey, haveria aí um outro significado para o termo "atenção", deslocado da questão do teste de realidade.

Discordamos de Strachey na medida em que acreditamos que o estado de energia ligada é o próprio estado de expectativa criado pela atenção e, nesse sentido, é condição para perceber os dados do mundo externo. Quando Strachey afirma que a atenção leva o ego a inibir o processo primário (p. 512), ele menciona a situação em que o ego, no *Projeto*, inibe o afeto por meio de uma catexia colateral para evitar a liberação de desprazer. Para ele, esse é um exemplo do

---

[155] Apêndice C, *A natureza da Q*, ESB. I, p. 511-517.

[156] "Energia livre" e "energia ligada" expressam do ponto de vista econômico o que ocorre nos processos primário e secundário do funcionamento psíquico. No primeiro, a energia tende a escorrer de modo livre, rápida e direta para a descarga. No segundo, sua descarga é adiada e controlada. Cf. Laplanche, J., Pontalis, J.-B., *Vocabulário de Psicanálise*, p. 200, 1986.

outro significado da atenção, ou seja, de transformação de energia livre em energia ligada, independente do teste de realidade. Para nós, essa é uma característica da atenção que continua associada ao teste de realidade. Como dissemos acima, a prontidão para perceber tem como referência as vivências de dor e de satisfação e nisso se enquadra o exemplo de Strachey, em que o aparelho psíquico busca evitar o objeto hostil.[157]

Por outro lado, concordamos com Strachey no que diz respeito à existência de uma atenção que não interessa ao teste de realidade. Vejamos primeiro a atenção que interessa ao teste de realidade. Essa é a atenção voltada para a percepção dos estímulos externos, a atenção à realidade, às ocupações perceptivas, a atenção que cria o estado de expectativa. Também interessa ao teste de realidade a atenção que migra da catexia perceptiva para a recordação da imagem desiderativa (do objeto de desejo), ou seja, a atenção que é condição para o pensar. O pensar, como adiamento da descarga, faz parte do teste de realidade. Quanto à atenção que não interessa ao teste de realidade, pensamos que ela pode ser entendida como a energia do processo de pensar, que independe da realidade.

Vejamos se o exame da idéia da distribuição da energia da atenção traz mais luz a essa questão. O texto chave para a compreensão dessa questão é *A Interpretação dos Sonhos*, que relaciona a distribuição da energia da atenção com a questão de como algo se torna consciente. Nesse texto encontramos as seguintes referências à atenção: "O *tornar-se consciente acha-se ligado à aplicação de uma função psíquica especial, a da atenção.*"[158] Essa função psíquica especial, por sua vez, pertence ao sistema pré-consciente: "*O sistema Pcs. ... tem à sua disposição, para distribuição, uma energia catexial móvel, parte da qual nos é familiar sob a forma de atenção.*"[159] De sua distribuição dependem os conteúdos pré-conscientes para ingressar na consciência.

---

[157] *Projeto*, p. 38.

[158] *A interpretação dos sonhos*, ESB V, p. 631.

[159] *Ibidem*, p. 653.

O "tornar-se consciente", no caso, não se refere aos dados do mundo externo. Eles se tornam conscientes assim que são recebidos pelos órgãos dos sentidos, desde que o aparelho psíquico se encontre em estado de expectativa, graças à atenção. O "tornar-se consciente" de que trata *A Interpretação dos Sonhos* refere-se ao conteúdo pré-consciente, portanto a idéias. Trata-se da consciência do pensamento e não da consciência da percepção. Trata-se da atenção a determinados pensamentos e não a determinados estímulos do mundo externo. Em outro trecho deste mesmo livro, quando trata das fontes somáticas dos sonhos, Freud menciona a "atenção psíquica" como uma energia que se dirige aos estímulos somáticos internos quando eles se tornam muito intensos. Em outro momento diz que, quando o conteúdo do processo onírico se tornou perceptivo, *"...ele consegue atrair atenção para si próprio e ser notado pela consciência."*[160] Mas lembremos que, no estado de sono, há uma retirada da atenção dos estímulos externos e por isso não se pode pensar em teste de realidade.

Isso vem corroborar a idéia de uma divisão da atenção. A atenção, que interessa ao teste de realidade é a atenção aos estímulos do mundo externo, ao eixo órgãos dos sentidos-consciência, e não a atenção aos pensamentos. Vemos, portanto que a atenção, sozinha, não é suficiente para discernir o interno do externo, já que ela apenas dirige as ocupações do ego. É necessária a existência do teste de realidade com todos os seus componentes para a distinção entre dentro e fora poder ocorrer.

O estudo do desenvolvimento da consciência mostra que ela evolui, de uma situação em que era um órgão sensorial apenas para percepções, para tornar-se um órgão sensorial dirigido a uma parte dos processos de pensamento, desde que eles adquiriram qualidades próprias, ligando-se a signos lingüísticos (representações de palavras). Agora existem duas superfícies sensórias, uma dirigida para a percepção e outra para os processos de pensamento pré-consciente. O

---

[160] *Ibidem*, p. 612.

curso do pensamento, que era dirigido originariamente pelo princípio do desprazer, passou a ser regulado pela energia móvel do pré-consciente que dá atenção àquilo que causa excitação.

A consciência dos "processos de pensamento", segundo Laplanche e Pontalis[161], pode ser entendida como a revivescência de recordações, consciência do raciocínio e, de modo geral, dos processos em que entrem em jogo "representações"[162] passíveis de se tornarem conscientes, é claro. Essa consciência só é possível quando os processos de pensamento se associam a restos verbais, isto é, às representações de palavra. Tem-se aí uma espécie de nova percepção, pois as palavras rememoradas são, em certo sentido, *re-pronunciadas* e, portanto, percebidas novamente. Os restos verbais guardam "qualidade" suficiente para atrair a atenção da consciência. Este conteúdo da consciência – idéia associada a restos verbais – será uma espécie de ponto de enraizamento a partir do qual a energia móvel da atenção (de superinvestimento) pode irradiar.

A diferença entre a atenção à percepção e a atenção aos pensamentos merece ainda um esclarecimento. Parte dessa confusão é gerada pelo *Projeto*. É na terceira parte do texto, dedicada à apresentação dos processos psíquicos normais, que se encontram ambas as formas de atenção. Ao descrever as diversas formas de pensamento, Freud introduz a idéia de que alguns signos de qualidade seriam signos lingüísticos e portanto atraem a atenção. (p. 79) Além da realidade perceptiva, atestada pela descarga em *ômega*, existe um outro signo de qualidade, possibilitada pela descarga de neurônios motores da fala e que atesta a realidade do pensamento. É a fala que permite a consciência do conteúdo dos pensamentos. Corrêa[163] mostra em detalhes o desenvolvimento do ego no *Projeto* e sabemos que ele é condição para a existência do teste de realidade.[164] Nessa leitura, a

---

[161] Laplanche, J.;Pontalis, J.-B., *Op. cit.* p. 136-137.

[162] O termo "representações" é usado aqui no sentido genérico de conteúdos de um ato de pensamento.

[163] Corrêa, F. S., pp. 62-121, 1999.

[164] Corrêa divide o desenvolvimento do ego em 18 etapas, o que permite acompanhar em detalhes o surgimento do teste de realidade.

atenção às percepções aparece como uma etapa primitiva do ego em desenvolvimento; posteriormente a associação de percepções com sinais lingüísticos atrai a atenção aos pensamentos, tornando-os conscientes.

No entanto, a idéia de atenção às percepções externas reaparece em *Formulações*, *O Bloco Mágico* e *A negativa*, portanto em textos que descrevem o mecanismo que ocorre no ego adulto. Ou seja, parece que não podemos olhar todas as idéias do *Projeto* apenas numa perspectiva de um ego em desenvolvimento. Quando Freud descreve a retirada da atenção no estado de sono, por exemplo, é do ego adulto que ele fala.

Quando se fala em percepção no ego adulto, trata-se de um complexo representativo que corresponde à percepção. Esse complexo se associa a signos lingüísticos, as representações de palavras, e atrai a atenção da consciência. Queremos diferenciar a atenção que serve ao teste de realidade – que permite a percepção dos estímulos externos e depois acompanha o pensamento que adia a descarga até o encontro com o objeto desejado, da atenção que permite a consciência do pensamento de modo geral.

Atenção, percepção e consciência

Vimos até aqui que, para haver percepção dos dados do mundo externo e consciência dos mesmos, é preciso que o sistema percepção-consciência esteja investido por catexias do ego. Isso se traduz como um direcionamento da atenção para esse sistema. Procederemos a um pequeno exame das relações entre os conceitos de "percepção" e de "consciência" para que possamos entender como se instala entre eles a função de atenção

Ora, essa combinação entre percepção e consciência nem sempre se manteve tão nítida na obra de Freud, e isso abriu caminho para se pensar uma percepção sem consciência. Mais ainda, apareceu a possibilidade de ocorrerem simultaneamente duas percepções diferentes do mesmo objeto, como em 1927, em *O Fetichismo*. Que conseqüências isso traz para o teste de realidade?

Em Freud, encontramos a percepção ora reduzida a uma função elementar, a uma unidade não complexa, ora encontramo-la com outras acepções, por exemplo: auto-percepção, percepção endopsíquica ou ainda percepção interna. Freud concebe uma aparelho perceptivo composto de duas camadas "o pára-excitações e o sistema Percepção-Consciência", mas concebe igualmente um sistema de percepção próprio ao Id.

Quanto à noção de consciência, ela é definida em *A Interpretação dos Sonhos* como "órgão dos sentidos para a percepção das qualidades psíquicas"[165]. Na qualidade de órgão, ela permanecerá, quase que por toda a obra de Freud, unida à percepção e constituindo um único e mesmo sistema, o Pcpt-Cs, situado na periferia do aparelho psíquico. Recebe informações do mundo externo e do interno. Nela não se inscrevem traços duráveis das excitações.

Mas em *O Ego e o Id*, de 1923, e de forma mais explícita na *Conferência 31*, de 1932, a percepção ganha mais importância. A consciência passa a ser concebida como algo que durante o funcionamento do sistema perceptivo se destaca e se torna apenas uma qualidade momentânea. Freud o denomina sistema Pcpt.-Cs, ao invés de Cs-Pcpt, como fizera algumas vezes.

> "*Esse sistema está voltado para o mundo externo, é o meio de percepção daquilo que surge de fora, e durante o seu funcionamento surge nele o fenômeno da consciência. É o órgão sensorial de todo o aparelho; ademais, é receptivo não só às excitações provenientes de fora, mas também àquelas que emergem do interior da mente.*"[166]

---

[165] *A interpretação dos sonhos*, ESB V, p. 654.
[166] *Conferência 31*, ESB XXII, p. 97.

Para se ter uma idéia melhor da relação entre consciência e percepção é preciso retomar seu aparecimento no *Projeto*, na *Carta 52* e daí chegar ao capítulo VII de *A Interpretação dos Sonhos*, quando ambos aparecem num único sistema.

No *Projeto*, percepção e consciência são sistemas próximos um do outro. Como vimos anteriormente, as percepções externas, recebidas pelo sistema *phi*, originam uma excitação no sistema da consciência que, por sua vez, produz uma eliminação motora. O sistema de memória registra cada um desses movimentos, mas pode-se pensar numa possível falta de consciência de elementos que poderiam estar presentes na percepção, caso falhe o mecanismo de atenção. Há, portanto, lugar no *Projeto* para se pensar separadamente a percepção e a consciência.

Na *Carta 52*, de 6/12/1896, Freud apresenta um esquema linear do aparelho psíquico, intercalando a memória (onde se registram as percepções) entre a percepção e a consciência (ambos como pontas opostas desse esquema). Isso faz sentido quando se pensa que, no estrato imediatamente anterior ao da consciência, o da pré-consciência ou ego, está o material psíquico que, ao se ligar às representações verbais, se tornará consciente. Parece um caminho simples, de mão única. No entanto, Freud diz que o primeiro grupo de neurônios que está na porta de entrada de seu esquema, o W (*Wahrnehmungen*), de percepções, se liga à consciência e que os neurônios da consciência seriam também neurônios da percepção.[167]

Percebe-se então que, se no *Projeto* se tratava de sistemas de neurônios diferentes, na *Carta 52* pode-se pensá-los como sendo de um único tipo, embora apareçam separadamente no esquema desenhado por Freud.

Na primeira tópica freudiana, postulada no capítulo VII de *A Interpretação dos Sonhos*, Freud mantém a separação entre o sistema perceptivo e a consciência. No entanto, a vinculação entre eles con-

---

[167] ESB I, p. 318-9.

tinua a existir, pois a consciência é entendida como a fase subjetiva de uma parte dos processos físicos que se produzem nos atos perceptivos. Em 1919, Freud acrescenta, em nota de rodapé a esse capítulo, que a consciência também estaria na extremidade do aparelho psíquico, por ser o sistema seguinte ao sistema pré-consciente e que, portanto, "Pcpt = Csc." (p. 577) A partir daí, o aparelho psíquico é pensado como dividido em sistema inconsciente, o sistema pré-consciente e o sistema percepção-consciência. Este último receberia estímulos tanto do mundo externo como do mundo interno. É claro que essa idéia vem na esteira do que Freud escrevera pouco antes, *no Suplemento Metapsicológico*, em 1917. Naquele artigo, Freud admite a coincidência do sistema Pcpt. com o sistema Cs. A partir daí utilizará a nomenclatura de "sistema Cs. (Pcpt.).", ou ainda, "sistema de percepções, (Cs.)".

Retomando o que havíamos dito anteriormente, é a partir de 1923, em *O Ego e o Id*, que a percepção ganha uma importância maior do que a consciência. Em 1932, nas *Novas Conferências*, aparece a idéia de que a consciência se torna uma qualidade do sistema perceptivo que se produzirá durante o seu funcionamento. Nesse período encontramos dois textos que descrevem a função exploratória da atenção: são eles *O Bloco Mágico*, de 1924, e *A negativa*, de 1925. De acordo com Botella & Botella[168], são textos em que Freud mostra um interesse crescente pela percepção. Mas esses autores darão um lugar especial ao texto de 1927, *O Fetichismo*, em que a percepção aparece em toda a sua complexidade. Esse texto se torna especialmente interessante para nós, na medida em que os autores argumentam que a partir dessa data, "*...considerar a percepção como pedra angular do princípio de realidade e do teste de realidade se torna problemático e exige uma reavaliação.*"[169]

O fetichista nos revela um funcionamento psíquico que opera com a simultaneidade de dois processos perceptivos, de conteúdos

[168] Botella, C. et Botella, S., "Du perceptif aux causalités psychiques", *RFP*, 2/1995.
[169] *Ibidem*, p. 352.

e significados diferentes. Nas palavras de Botella & Botella, ao constituir o objeto fetiche,

> "*... o fetichista reconhece à sua maneira a ausência de pênis na mulher e desse modo concede à percepção dos órgãos dos sentidos o seu devido lugar; mas ao mesmo tempo, ele conserva, em sua percepção endopsíquica, algo de irrepresentável e de terrificante vindo da sua sexualidade infantil, cujo resultado antitraumático é a crença de que a mulher possui um pênis.*"[170]

Freud aponta para a possibilidade de uma dupla relação com a realidade. Trata-se de uma dupla atitude frente à castração feminina. Houve a percepção de que a mãe é castrada, essa percepção se conserva, mas é repudiada por outra corrente psíquica. Há uma corrente que concorda com a realidade e outra que a nega. É quase como se disséssemos que o fetichista distingue e não distingue entre fantasia e realidade relativamente a uma mesma percepção.

Para Botella & Botella, a situação que ocorre com o fetichista vem questionar a noção de um sistema perceptivo – e mais ainda a de um sistema percepção-consciência, na medida em que uma das percepções do fetichista não é consciente – já que a palavra "sistema" supõe um conjunto de elementos interdependentes que formam um todo organizado. Eles propõem a noção de "processo", pois ela incluiria tanto as percepções dos órgãos dos sentidos como as percepções endopsíquicas. As percepções endopsíquicas, por sua vez, têm em sua origem um elemento da sexualidade infantil. Um investimento intenso de uma determinada representação pode desencadear diferentes processos perceptivo-alucinatórios, lembranças, negações, estranhamentos (p. 353). Complica-se dessa forma a relação entre o "dentro" e o "fora" e é esse o argumento dos autores para questionar o teste de realidade. A percepção endopsíquica que leva o

[170] *Ibidem*, p. 352.

fetichista a uma situação patológica faria parte do desenvolvimento normal de um indivíduo, ao menos por algum tempo e, nesse sentido, colocaria em xeque a "pretensa objetividade da percepção sensorial" como elemento do teste de realidade.[171]

> *"Primeiramente, o psiquismo parece estar organizado de uma maneira curiosa, contraditória e complementar. Um real bruto e traumático, a percepção pelos órgãos dos sentidos da falta, da diferença dos sexos; e, ao mesmo tempo, uma endopercepção que a nega e se concretiza em teorias sexuais infantis, tal como aquela de que a mulher possui um pênis, teorias cujo erro, durante certo tempo, é necessário ao desenvolvimento normal. (...) A esse propósito, o teste de realidade concerne mais aos efeitos da articulação do narcisismo com o investimento de objeto, da articulação da representação de si com a representação de objeto, do que a uma pretensa objetividade da percepção sensorial."*[172]

Parece difícil aos autores franceses manter a noção de teste de realidade freudiana lado a lado com os desdobramentos da percepção. É claro que tal "objetividade sensorial da percepção" só é possível, segundo Freud, pela ação conjunta da inibição, da atenção, do julgamento, do pensamento e da ação motora.[173] Encontramos na própria *Conferência 31* – que os autores usam para destacar a independência da percepção em relação à consciência – uma referência inequívoca de Freud à existência de um teste de realidade que discrimina o dentro e o fora:

---

[171] Para compreender a noção de teste de realidade em Botella et Botella, cf "Le statut métapsychologique de la perception et l'irreprésentable", *RFP*, 1/1992. Nesse artigo, afirmam que o trabalho do teste de realidade se apóia sobre uma dinâmica auto-erótica que revela a passagem da autopercepção sem objeto para uma reflexividade marcada pelo objeto real (se olhar).

[172] Botella, C. et Botella, S., "Du perceptif aux causalités psychiques", *RFP*, 2, p. 354,1995.

[173] Botella & Botella invocam uma passagem de *A negativa* para mostrar a complexidade que existe na relação entre a percepção e o teste de realidade. Nesse texto Freud afirma que o objetivo do teste de realidade não é encontrar na realidade um objeto que corresponda ao representado, mas "reencontrá-lo". Essa passagem será discutida no próximo capítulo.

> *"A relação com o mundo externo tornou-se o fator decisivo para o ego; este assumiu a tarefa de representar o mundo externo perante o id. (...) Ao cumprir com essa função, o ego deve observar o mundo externo, deve estabelecer um quadro preciso do mesmo nos traços de memória de suas percepções, e, pelo seu exercício da função de "teste de realidade", deve excluir tudo o que nesse quadro do mundo externo é um acréscimo decorrente de fontes internas de excitação.*"[174]

Há que se admitir que, mesmo no cotidiano do fetichista, o teste de realidade funciona para uma série de atividades. Não se pode fazer do teste de realidade o bode expiatório da discussão sobre a realidade objetiva *versus* realidade psíquica, isto é, afirmar que, devido à complexidade das noções de percepção e de realidade, se perde a referência do dentro e do fora e, portanto, não faz sentido falar em teste de realidade. Freud mantém o conceito de teste de realidade até sua última obra, ainda que simultaneamente tematize a dupla relação com a realidade do perverso, do neurótico e do psicótico.[175]

Em 1938, no *Esboço*, Freud menciona o teste de realidade para solucionar o problema que existe pelo fato de a percepção não

---

[174] *Conferência 31*, ESB XXII, p. 97.

[175] Em *A divisão do ego no processo de defesa* e no *Esboço*, ambos de 1938, Freud descreve uma situação em que o indivíduo recusa e aceita simultaneamente a realidade. No primeiro texto citado, trata-se de um caso de fetichismo e Freud se refere à reação de um menino diante da percepção da ausência de pênis na mãe. Reconhece a realidade e a recusa quando transfere a importância do pênis a outra parte do corpo. Vê, simbolicamente o que não existe na realidade para ser visto. Ou seja, inconscientemente recusa a percepção da castração. No mesmo ano, em *Esboço*, Freud estende essa dupla relação com a realidade ao psicótico e ao neurótico. No psicótico ocorre uma cisão do ego, diz Freud, formam-se duas atitudes psíquicas – uma leva em conta a realidade e a outra, por influência das pulsões, separa o ego da realidade. A intensidade das pulsões decide sobre a alucinação. Mas ambas existem simultaneamente. Freud relata casos de psicóticos que, mesmo durante o episódio alucinatório, afirmam ter consciência do que se passava. Nas neuroses, a cisão do ego é colocada da seguinte maneira: o ego infantil, além de reprimir exigências pulsionais desagradáveis, livra-se de exigências do mundo exterior que lhe pareçam aflitivas, por meio da negação das percepções que lhe trazem conhecimento desta realidade. Freud diz que são meias medidas, tentativas incompletas de separar-se da realidade. Produzem-se duas atitudes contrárias. Uma pertence ao ego e outra ao id. O resultado depende de qual das duas é mais investida pela energia pulsional.

corresponder à realidade. Os processos imaginativos e ideativos, internos ao ego, podem tornar-se conscientes por meio da linguagem, que os conecta a resíduos mnêmicos das percepções visuais e auditivas. Dessa forma podem ser percebidos como reais. Como, então, se opera a distinção entre o mundo interno e o mundo externo? *"(...) exige-se um artifício especial para fazer a distinção entre as duas possibilidades – um artifício conhecido como teste de realidade* ."[176]

Mesmo a idéia de Botella & Botella quanto à normalidade do erro, isto é, quanto às distorções da percepção devidas às teorias sexuais infantis que permitiriam questionar a noção freudiana de teste de realidade, deve ser redimensionada. Excetuando-se os casos patológicos, os próprios autores limitam essas distorções a certo período da infância. As teorias sexuais infantis não produzem distorções da percepção para todos os objetos e para todos os acontecimentos do cotidiano em todos os momentos. Ainda que o estudo da complexidade da percepção possa esclarecer alguns fenômenos, Freud parece acreditar, como vimos tentando demonstrar, que o teste de realidade aí está para garantir o funcionamento geral do indivíduo.

Síntese

Todas essas considerações sobre a percepção tiveram como propósito levantar questões sobre a relação da atenção com a percepção. A complexidade da noção de percepção nos obriga a pensar em como ela se articula com o teste de realidade.

Vimos primeiramente que a atenção é condição para que haja consciência dos objetos externos percebidos. Vimos também que a atenção consiste num investimento do sistema percepção-consciência. A percepção consciente ocorre tanto em relação aos objetos externos quanto aos processos de pensamento. Vimos ainda que, para-

[176] *Esboço*, ESB XXIII, p. 188.

lelamente à percepção consciente, pode-se pensar em percepções sem consciência ou até em percepções inconscientes (endoper—cepções), e que estas últimas podem ser simultâneas a percepções conscientes. Dentro desse quadro, Freud mostra que a percepção que interessa ao teste de realidade é a percepção dos objetos externos, que será diferenciada da percepção dos pensamentos. A ocorrência de uma cisão no ego que tenha como resultado uma alteração do vínculo do ego com a realidade que se manifesta na percepção prejudica o pleno funcionamento do teste de realidade. Não é o caso de questionar o teste de realidade em si, mas de indicar, aqui como em outras situações, fatores que obstam ao seu funcionamento.[177]

No *Suplemento*, de 1917, talvez até se pudesse responsabilizar a atenção pela falha na relação entre o ego e a realidade. Afinal, trata-se nesse texto de um desinvestimento do sistema Pcpt.-Cs. Deixa de haver prontidão para perceber. Estaria aí a chave do rompimento com a realidade? Não, pois a falha é do ego, na medida em que é ele que retira ou investe catexia no sistema Pcpt.-Cs. Freud refere-se a uma perda que a realidade afirma mas que o ego tem que negar por achá-la insuportável. O problema central é a negação ou recusa da realidade pelo ego e a partir de 1927, essa negação ou recusa centra-se sobre a percepção da castração feminina. Não se trata da realidade como um todo e sim de um fragmento dela ou mesmo de uma única percepção. O psicótico continua parcialmente ligado ao mundo externo. Continua a haver teste de realidade em muitos aspectos e momentos da vida do psicótico.

A falha do teste de realidade não é responsável pelos quadros patológicos. O que ocorre é justamente o contrário. Há algo que desativa o teste de realidade. Algo que se torna insuportável para o ego leva ao rompimento com a realidade. Aí, sim, ocorre o desinvestimento do sistema de percepções, Cs., isto é, o ego retira a atenção e deixa vir uma nova catexia a partir do interior que leva à psicose. Citando Freud:

[177] Cf. o capítulo 1, em que comentamos o que ocorre com o teste de realidade na situação de hipnose ou de grupo.

> *"Por outro lado, já podemos aprender com a patologia a maneira pela qual o teste de realidade pode ser eliminado ou posto fora de ação. Veremos isso mais claramente na psicose carregada de desejo da amência do que na de sonhos. A amência é a reação a uma perda que a realidade afirma mas que o ego tem de negar, por achá-la insuportável. Portanto, o ego rompe sua relação com a realidade; retira a catexia do sistema de percepções, Cs. – ou antes, talvez, retira uma catexia, cuja natureza especial pode ser objeto de indagação ulterior. Com esse desvio da realidade, o teste de realidade é posto de lado..."*[178]

Vale lembrar que, em alguns textos, Freud aponta para a idéia de um desinvestimento do sistema percepção-consciência sem que isso resulte numa psicose. No *Projeto* a atenção descansa várias vezes por dia, tanto que falha com alguma freqüência. A sugestão também se vale dessa possibilidade de inatividade da atenção e aí há falha do teste de realidade, no sentido acima explicado. No *Bloco Mágico*, Freud relaciona as interrupções da atenção, ou seja, a não-excitabilidade periódica do sistema perceptual, à possível origem da noção de tempo. Nem por isso há rompimento da relação com a realidade no sentido da alucinação e da psicose.

---

[178] *Suplemento*, ESB XIV, p. 265-6.

Julgamento, pensamento e ação motora

"Julgar é a ação intelectual que decide a escolha da ação motora que põe fim ao adiamento devido ao pensamento e conduz do pensar ao agir."[179]

Essa frase, que reúne os três conceitos que serão abordados neste capítulo, encontra-se no texto de 1925, *A negativa*. Esse texto e o do *Projeto* são as principais referências para a compreensão do "julgamento". Já as referências para "pensamento" e "ação motora" encontram-se espalhadas ao longo da obra de Freud. A escolha em abordar esses três conceitos num único capítulo deve-se ao fato de que os dois últimos, no que dizem respeito ao teste de realidade, são conceitos mais simples.

Julgamento

O julgamento aparece em Freud 1) como substituto da repressão e, como tal, ajudando a instalar originalmente o teste de realidade; 2)

[179] *A negativa*, ESB XIX, p. 299.

para efetuar a decomposição de um complexo formado pela coisa e seu predicado e assim contribuir para a separação entre o ego e o não-ego – isso também pertence ao tempo da instalação do teste de realidade; 3) para efetuar a comparação entre representação e percepção, dar início ao processo de pensar e encerrá-lo, dando lugar à ação motora.

Dizer "não"

A relação entre julgamento e repressão não está descrita no *Projeto*, mas, sim, em *A negativa*. É citada primeiramente em *Chistes e sua relação com o Inconsciente*[180], em 1905, e depois em *Formulações*, em 1911. No entanto, recebe mais atenção somente em *A negativa*, em 1925. Nesse texto, Freud descreve a função de julgamento como a de atribuição de juízos que negam ou afirmam determinadas características de um objeto, bem como a presença ou ausência desse objeto na realidade. Essa atribuição de juízo é feita por meio da "afirmação" (*Bejahung*) e da "negativa"(*Verneinung*).

Hanns explica o que vêm a ser esses dois termos:

> "*A* Bejahung *e a* Verneinung *ocorrem como atos da 'capacidade de julgamento/avaliação' (*Urteilsfunktion*) a qual entra em contato com certo conteúdo. Este conteúdo é expresso sob a forma de uma frase, ele é* bejaht *(confirmado, aceito retrucado com 'sim') ou* verneint *(negado, rejeitado, retrucado com 'não').*"[181]

A função de julgamento não está presente desde o início do aparelho psíquico. Em *Formulações*, Freud a coloca como uma das adaptações sofridas pelo aparelho psíquico no estabelecimento do "princípio de realidade": "*O lugar da repressão, que excluía da catexia*

[180] ESB VIII. Daqui por diante, apenas *Chistes*.
[181] *A negativa*, ESB XIX, p. 321.

como produtoras de desprazer algumas das idéias emergentes, foi assumido por uma capacidade de julgamento..."[182].

Os diversos comentários que Freud faz acerca da relação entre a repressão e o julgamento podem ser compreendidos dentro de uma perspectiva de evolução do aparelho psíquico – o julgamento substituiu o que antes era repressão –, ou numa perspectiva dos modos de funcionamento do aparelho psíquico, primário e secundário. Nesse caso, a repressão pertenceria ao primeiro e o julgamento ao segundo.

Em relação à substituição da repressão pelo julgamento, além da passagem de *Formulações*, acima citada, encontramos a mesma idéia em *A negativa*, mas nesse texto Freud salienta a importância do surgimento do símbolo da negativa, a partícula "não", como condição para o julgamento:

> *"O desempenho da função de julgamento, contudo, não se tornou possível até que a criação do símbolo da negativa dotou o pensar de um certo grau de liberdade com relação às conseqüências da repressão e assim também com relação ao jugo do princípio de prazer."*[183]

O "não" só é adquirido pelo trabalho da censura entre os sistemas "Inconsciente" e "Pré-Consciente", dirá Freud em 1915.[184] No Inconsciente não existe o "não" e portanto não ocorre nada parecido a um julgamento. Essa idéia já é apresentada por Freud em 1905, em Chistes.

Investigando a representação pelo oposto na elaboração onírica e nos chistes, Freud comenta que este fato:

> *"...parece apontar para importante característica do pensamento inconsciente no qual, com toda probabilidade, não ocorre nenhum*

---

[182] *Formulações*, ESB XII, p. 280.

[183] *A negativa*, ESB XIX, p. 300. Essa tradução foi ligeiramente modificada levando-se em consideração as sugestões de Luiz Hanns em seu *Dicionário comentado do alemão de Freud, p. 320,* 1996.

[184] *O Inconsciente*, ESB XIV, p. 213.

processo que se assemelhe ao 'julgamento'. No lugar da rejeição por um julgamento, o que encontramos no inconsciente é a 'repressão'. Esta pode, sem dúvida, ser corretamente descrita como estágio intermediário entre um reflexo defensivo e um julgamento condenatório.[185]

No Inconsciente não ocorre julgamento, mas repressão. Em *A negativa*, Freud dirá que o conteúdo de uma imagem ou idéia reprimida pode abrir caminho até a consciência desde que seja negado, isto é, desde que seja acompanhado por um "não". O "não" é a marca distintiva da repressão. (p. 297) Dizer não, negar algo em um julgamento, é a forma encontrada para se substituir a repressão.[186] Um juízo negativo, ou condenatório – como sugere Hanns " é o substituto intelectual da repressão.

Pode-se perceber que já estamos falando dos dois modos distintos do funcionamento psíquico. Uma vez criado o símbolo da negativa, o "não", ele contribui para a distinção entre processos primários e secundários. O julgamento, que pode afirmar ou negar que um objeto esteja no mundo externo, não pertence ao modo de funcionamento do Inconsciente, mas sim ao do Pré-consciente, o processo secundário. No Inconsciente, a repressão continua a existir.

Em relação à origem da função de julgamento, tal como Freud a aborda em *A negativa*, há algo mais a ser mencionado. Anteriormente ao ego-realidade havia o ego-prazer. Aquilo que se constitui como função de julgamento do ego-realidade aparece de outra forma no

---

[185] *Chistes*, ESB, vol. VIII, p. 200. O "julgamento condenatório", segundo Laplanche e Pontalis, pertence a uma gradação das defesas: a mais simples é o reflexo de defesa pela fuga (perigo externo), em seguida vem a repressão (perigo interno) e em terceiro o julgamento condenatório. O julgamento condenatório é um modo de defesa almejado pelo trabalho de análise, na medida em que ele substitui aquilo que há de automático e excessivo na repressão, por um domínio moderado e intencional dos desejos. Cf. Laplanche, J. Pontalis, J.-B., *Vocabulário de Psicanálise*, verbete "julgamento de condenação", p. 337-339, 1986.

[186] É preciso ter em mente que não se trata da aceitação do conteúdo do material reprimido, mas apenas de uma forma de tomar conhecimento de sua existência, uma espécie de "aceitação intelectual". Cf. *A negativa*, p. 296.

ego-prazer. Este funciona de acordo com o par "introjeção-expulsão", modos da atividade da pulsão oral. São introjetados os conteúdos agradáveis e expulsos os desagradáveis. O "dentro" e o "fora" correspondem aquilo que, por ser bom, está identificado ao ego e que, por ser mau, está identificado ao que é estranho ao ego.

Pode-se, então, dizer que as atividades de introjeção e expulsão são precursoras da função de julgamento. Mas, como vemos, a primeira distinção entre o "dentro" e o "fora" baseia-se na oposição entre agradável e desagradável e pertence, portanto, ao domínio do princípio de prazer. Com a instalação do teste de realidade, o julgamento discriminará entre:

> *"O que é irreal, meramente uma representação e subjetivo, (...); o que é real está também lá fora."*[187]

Veremos, a seguir, sob a perspectiva do *Projeto*, a forma como Freud apresenta esse momento inicial da função de julgamento. É interessante perceber como a construção da função de julgamento, tal qual ela aparecerá mais tarde no teste de realidade no adulto, é concomitante ao desenvolvimento do ego e à constituição de um "dentro" e um "fora".

Decompor

Freud introduz a idéia de julgamento no *Projeto* quando pretende explicar o que ocorre no caso de a percepção coincidir apenas parcialmente com a catexia de desejo. Isso ocorre porque as catexias de percepção, assim como as de desejo, não são catexias de um único neurônio, mas de um complexo de neurônios. Esse complexo de neurônios é dividido em uma parte que quase nunca muda, e que

---

[187] *A negativa*, ESB XIX, p. 298.

Freud chamará de *a coisa*, e uma parte que quase sempre varia, *o predicado*. (p. 42)

"Juízo" é o termo que Freud escolhe para se referir à decomposição de um complexo perceptivo em um componente neurônio *a*, a *coisa*, e um componente neurônio *b*, o *predicado*, que quase sempre varia. Essa decomposição é possível porque se faz uma comparação com outros complexos perceptivos, observando elementos comuns e elementos díspares.

O "juízo" difere do "julgar". O juízo serve para indicar a decomposição de um complexo formado pela coisa e seu predicado. O julgar efetua a comparação entre dois complexos, o desiderativo e o perceptivo, por exemplo. No nosso entender, ambos fazem parte da idéia de julgamento. Vemos na citação a seguir, tanto o "juízo" que decompõe o complexo desiderativo em *a* + *b*, quanto o "julgar", que constata a diferença entre o complexo desiderativo e o perceptivo, mostrando que este último é *a* + *c*.

"A ocupação de desejo refere-se de forma bastante geral a neurônio a + neurônio b; a ocupação de percepção, a neurônio a + neurônio c."[188]

A decomposição de um complexo, possibilitada pelo juízo, permite que se julgue o que é "ego" e o que é "não-ego", que ocorra a compreensão do "próximo" e o julgamento dos objetos. Estas três atividades do julgamento, que pertencem a uma etapa fundamental na formação do aparelho psíquico, serão vistas a seguir. A separação entre o que é ego e o que é não-ego é necessária para que se possa efetuar a distinção entre sujeito e objeto, entre um "dentro" e um "fora". Nesse sentido, essas decomposições iniciais realizadas pelo julgamento ajudam na instalação do teste de realidade.

O juízo, se pensado em termos do desenvolvimento do ego – como aparece no *Projeto* – decompõe primeiramente o complexo desiderativo. Segundo Corrêa,[189] trata-se de um primeiro julgamento

---

188 *Projeto*, p. 41.

189 Corrêa, p. 70, 1999.

entre ego e não-ego, ou entre coisa e predicado do ego. Essa idéia é derivada de uma analogia que Freud sugere entre o núcleo do ego e a componente constante da percepção (a coisa), as catexias mutáveis do manto do ego e a componente inconstante (o predicado).[190]

Vamos entender melhor o que Freud está querendo dizer. O complexo desiderativo pode ser pensado como neurônio *a* + neurônio *b*. Lembremos que o ego se divide em um núcleo e um manto, com uma parte fixa e, outra, variável. O ego coincide originalmente com a catexia da vivência de satisfação que, por sua vez, é constituída pela fome e também pela representação do objeto que ajudou a satisfazê-la. Essa representação de objeto é composta por uma imagem visual + uma imagem auditiva + uma imagem táctil. Na explicação de Freud sobre o juízo, a representação de objeto está simplificada e nomeada como neurônio *b*. Podemos entender agora que o neurônio *b* pertença ao manto do ego e seja variável, já que a representação de objeto é aberta.[191] Essa variação não ocorreria no neurônio a, com a fome, e isso possibilita que um seja considerado como núcleo e o outro, o neurônio *b*, como manto.

Corrêa propõe que ocorre aí um primeiro julgamento[192] entre "ego" e "não-ego", na medida em que o neurônio *a* é constante na percepção e o neurônio *b* é inconstante. Não se trata aqui da lembrança, da representação, mas sim da percepção. Há um contraste entre uma percepção muito mais freqüente da fome – que Corrêa coloca como constante – e uma percepção inconstante do objeto de satisfação, já que, de fato, ele nem sempre está presente.

> *"Contrastando a inconstância do objeto de satisfação (neurônio b) com a constância da fome (do neurônio a), o eu consegue fazer uma primeira diferenciação, um primeiro julgamento, entre o que é eu e o que é não eu. O que é constante, na percepção, será considerado*

---

[190] *Projeto*, p. 42.

[191] Freud quer dizer com isso que, a cada nova percepção, somam-se novas imagens às imagens do complexo (da representação de objeto). Ver cap. 2 sobre a representação de objeto, p. 40.

[192] Julgamento entendido aqui como "juízo", como decomposição, separação.

> *a coisa, o verdadeiro eu, e o que é inconstante, na percepção, será considerado o predicado, aquilo que faz parte do eu, mas não é essencial, é inconstante e pode ser substituído."* [193]

Segundo Corrêa, há outra forma de se interpretar a decomposição entre coisa e predicado como uma distinção entre o "ego" e o "não-ego", que também nos parece interessante. No que diz respeito ao ego, o predicado é composto pelas imagens dos objetos (visuais, por exemplo) e a coisa é o que não coincide com estas imagens, vem do interior do corpo, como a fome e os próprios movimentos do bebê. No que diz respeito ao objeto, o predicado é aquilo que provoca sensações corporais de movimento no ego – veremos a seguir que o movimento do objeto (uma pessoa) remete o bebê aos seus próprios movimentos – e a coisa do objeto são as imagens que não provocam sensações corporais de movimento no ego.

Corrêa conclui com a seguinte idéia:

> "Tudo que é coisa do eu – nos exemplos, a fome e as imagens de movimento – é predicado do objeto. Tudo que é coisa do objeto, suas imagens (visuais, auditivas, tácteis...) é predicado do eu. Julgar é, portanto, distinguir eu de não-eu..." [194]

Na relação com o *próximo*, o trabalho de juízo permite que o indivíduo (o bebê) aprenda a identificar-se. Ele próximo é ao mesmo tempo o primeiro objeto de satisfação e o primeiro objeto hostil. As percepções que decorrem desse próximo têm uma componente fixa e outra que varia. Ele fornece impressões novas e incomparáveis, como, por exemplo, suas feições no campo visual. Elas são constantes e se configuram como "coisa". Mas outras percepções também visuais, como o movimento de suas mãos, remetem o indivíduo ao movimento de suas próprias mãos. Ele recorda movimentos vividos

[193] Corrêa, p. 73, 1999.
[194] Corrêa, p. 72, 1999.

por ele mesmo. Da mesma forma, quando o objeto grita, o indivíduo recorda o próprio grito e as vivências de dor que a ele se associam. Esse segundo conjunto de percepções é *compreendido*[195] por intermédio do trabalho de recordação. A informação recebida é posta em conexão com notícias do próprio corpo. O movimento é o que varia no objeto, o seu predicado. O trabalho de juízo sobre o próximo tem como resultado tomar este próximo como referência para o reconhecimento do corpo do bebê.[196]

O trabalho de juízo sobre o próximo é precursor do julgamento de objetos. Na verdade, pode-se dizer que a decomposição do complexo desiderativo e do complexo perceptivo derivado do próximo constituem uma forma primitiva de julgamento. A partir dessas primeiras experiências, é possível estender o trabalho de juízo para os objetos externos.

O juízo sobre o objeto externo somente é possível com a decomposição desse objeto em coisa e predicado. Isso foi feito com o complexo perceptivo do próximo e seu resultado agora serve de referência para outros julgamentos. Nesse sentido, a coisa do objeto se constitui como catexias perceptivas que não conduzem a uma imagem de movimento e, portanto, não são *compreendidas*. Não há associação entre as imagens visuais do objeto (no caso do próximo, as suas feições) e uma imagem do próprio movimento. Dirá Freud: *"O que nós chamamos de coisas são restos que se subtraem à apreciação."*[197] As catexias perceptivas que correspondem à coisa do objeto não são eliminadas por imagem motora. Já o predicado do objeto, este sim pode ser compreendido (reconhecido) e eliminado por meio de uma associação com uma imagem do próprio movimento.

---

[195] Freud usa "compreender" para explicar que o bebê identifica o movimento do outro como algo que lhe é familiar.

[196] *Projeto*, p. 44-5. De acordo com Gabbi Jr., não se deve ver aí uma antecipação da fase do espelho de Lacan, pois não há uma percepção do próximo como um todo. O bebê tem sempre uma percepção fragmentada do outro, registrada nos circuitos de satisfação e de dor. *Notas críticas,* p. 151, nota 176.

[197] *Projeto*, p. 47.

O interesse do julgamento está em perceber a associação que existe entre coisa e predicado. Isso significa que o objeto não é um "bloco", mas é composto de duas partes. Pode ser separado e cada uma de suas partes ser juntada à parte de um outro objeto. Apesar de uma delas, a coisa, ser incompreensível, ela se liga a uma outra parte, o predicado. Ora, o predicado de um objeto é um complexo de propriedades que pode sempre ser acrescido de novas imagens. Como esse complexo permite associações com imagens do movimento do sujeito, aumentam em número os caminhos do pensar em busca da identidade com o objeto que corresponde à imagem desiderativa.

> *"Na medida em que o complexo de coisa retorna ligado com muitos complexos de propriedades, e estes retornam em ligação com diversos complexos de coisa, resulta numa possibilidade de elaborar os caminhos de pensar que levam desses dois tipos de complexo para o estado de coisa desejado de uma maneira, por assim dizer, geralmente válida e que nunca leva em conta a percepção real.*[198] *O trabalho de pensar com juízos, no lugar de pensar com complexos perceptuais singulares não ordenados, é, portanto, uma grande poupança."*[199]

Convém lembrarmos que a consideração do julgamento como juízo, isto é, como decomposição de um complexo (desiderativo ou perceptivo), foi apresentada por Freud no *Projeto* e diz respeito ao momento em que o ego se desenvolve e o aparelho psíquico se constitui. Portanto é também o momento de formação do dispositivo teste de realidade. Mas, para podermos examinar a função de comparação do julgamento tendo em conta não apenas o

[198] Os caminhos a que Freud se refere foram criados a partir das vivências fundantes do psiquismo. Uma vez estabelecidos, tendem a ser repetidos sem levar em conta a percepção real. A repetição pode ocorrer por meio do processo primário ou, com inibição, por meio do processo secundário.

[199] *Projeto*, p. 98.

momento de formação do psiquismo, mas também o do ego já adulto, precisamos acrescentar outra mudança sofrida pelo aparelho psíquico. Trata-se da ampliação das associações das coisas dos objetos com os predicados. As imagens perceptivas das coisas (imagens visuais, tácteis, auditivas) se associarão não apenas às imagens de seu movimento, mas a um nome, ao que conhecemos como representação de palavra. Portanto, se no caso de uma percepção, sua imagem perceptiva estiver associada a uma palavra, mesmo que ela não esteja associada a um movimento (como o movimento do próximo), há o movimento de emissão do som. Isso já é suficiente para que essa percepção possa ser julgada, separada em coisa e predicado e, posteriormente, usada no processo de pensar.

Comparar

A atividade de comparação do julgamento aparece no *Projeto* como "julgar". O processo de julgar antecede o pensar. Ele compara o complexo de neurônios desiderativo com o perceptivo e, se houver discordância, inicia-se o processo de pensar. Em outras palavras, o julgar é responsável por descobrir a discordância entre as percepções e as catexias de desejo. Lembremos que, para isso, é necessário que o ego esteja inibindo o processo primário através das ocupações laterais e que a atenção tenha produzido a situação psíquica do estado de expectativa para todas as percepções, mesmo as que não coincidem parcialmente com catexias de desejo.

> *"O julgar é, por tanto, um pr ocesso psi que só é acessível pela inibição do eu e provocado pela dessemelhança entre a ocupação de desejo de uma imagem recordativa e a ocupação perceptiva que lhe é semelhante. Pode-se partir disto: a coincidência entre ambas as ocupações torna-se um sinal biológico para terminar o*

ato de pensar e para permitir a eliminação. A discordância dá o impulso para o trabalho de pensar, que termina de novo com a coincidência."[200]

O resultado dessa atividade do julgamento é a coincidência ou a discordância entre os complexos comparados. Se houver semelhança, se houver a constatação de que o objeto desejado se encontra na catexia perceptiva, o desfecho é simples: encerra-se o processo de pensar e se dá início à ação motora. Para garantir que o objeto esteja de fato presente na realidade, basta lembrar que, havendo inibição, haverá emissão do signo de realidade para a percepção, emitido pelo sistema ômega, a consciência. Diz Freud: *"Se, após a conclusão do ato de pensar, chegar o signo de realidade para a percepção, obtém-se o juízo de realidade para a percepção, a crença, e alcança-se a meta da totalidade do trabalho."*[201] Já no caso da discordância entre os complexos comparados, inicia-se o trabalho de pensar, que veremos logo adiante.

Em *A negativa*, Freud aborda a atividade de comparação do julgamento sob outro prisma. Hurvich nomeia dois aspectos do julgamento que aparecem nesse texto como: *"... a decisão a respeito de uma idéia ser baseada num traço de memória da realidade (i.e. percepção externa) e acuidade da percepção."*[202] Chama-os de processos ou subfunções que, juntamente com a *"distinção entre idéias e percepções"*, resumem o sentido que Freud atribui ao teste de realidade. De acordo com Hurvich, a primeira dessas subfunções já teria aparecido em *Formulações*. De fato, é isso que encontramos quando Freud comenta nesse texto que a repressão foi substituída por uma capacidade de julgamento que decidia acerca da veracidade ou não de uma idéia, *"...isto é, se se achava ou não em concordância*

[200] *Projeto*, p. 42.

[201] *Projeto*, p. 46. Voltaremos a comentar essa passagem na Conclusão. Os destaques são de Freud.

[202] Hurvich, p. 300, 1970.

com a realidade", decisão que era determinada efetuando-se uma comparação com os traços de memória da realidade."[203]

Aparentemente pode-se pensar que essa é uma atividade simples de comparação entre representação e percepção. No entanto, ela ganha um "colorido" em *A negativa* quando Freud descreve, ainda que de modo breve, o processo de formação da representação a partir da percepção. Levando-se em conta as origens do aparelho psíquico, diz ele, aquilo que num primeiro momento se forma na mente é uma cópia da realidade. As representações são repetições das percepções. Não há dúvida sobre a realidade daquilo que é representado. O fato de algo estar registrado como representação já garante a realidade de sua existência no mundo. Num segundo momento, as coisas se complicam, pois: a) o pensar pode reproduzir uma representação sem que o objeto externo esteja presente; e b) essa representação pode não ser fiel, pode ser alterada pela fusão de vários elementos ou modificada por omissões.[204]

A atividade de comparação passa a ter mais tarefas. No *Projeto*, o que estava em questão era a comparação entre as partes díspares dos complexos perceptivos. Freud fornecia o exemplo de um seio visto pelo bebê frontalmente, permitindo a visualização do mamilo, e o mesmo seio visto de lado, sem a visualização do mamilo. Havia algo de constante e algo de diferente entre o objeto desejado e o objeto percebido. Cabia à função de julgamento, através da atividade de comparação, fazer esta constatação.[205]

As tarefas que, a partir de *A negativa*, são atribuídas ao "julgar", são três, a nosso ver. A primeira diz respeito ao teste de realidade como um todo e tem como objetivo distinguir uma idéia de uma percepção. O julgar responde à pergunta sobre se o que percebo nesse momento está "dentro" de mim e "fora" também. Faz-se necessária obviamente a presença dos demais elementos do teste de realida-

[203] *Formulações*, ESB XII, p. 280.
[204] *A negativa*, ESB XIX, p. 298.
[205] *Projeto*, p. 42.

de. O julgar, aqui, efetua a função mencionada no *Projeto*: compara as partes dos complexos que se referem à representação e à percepção. Se há semelhança, há a crença de que o que percebo é realmente o que penso que percebo.

A segunda tarefa aparece em *Formulações* e em *A negativa*. Trata-se de avaliar a existência "fora" do que existe "dentro"; o julgar tem como função descobrir se a idéia que existe em mim é baseada na realidade ou não. Num primeiro momento ela era, mas depois pode ter sofrido modificações, além de ser possível recordar um objeto independentemente de sua presença. Será então que aquilo que penso, existe na realidade externa, ou pertence apenas ao mundo interno? O julgar tem como tarefa avaliar a existência real de um objeto previamente representado no psiquismo. Ele compara representação e percepção e pode decidir sobre o que é interno e o que é externo. Pode-se pensar que um dos resultados dessa atividade é a constatação da existência de um mundo interno, enquanto que a primeira tarefa teria como objetivo garantir a existência do mundo externo.

A terceira tarefa se mistura com a segunda. A incerteza quanto à existência na realidade externa daquilo que existe em mim, somada às deformações sofridas pelo objeto na reprodução da representação, dá lugar àquilo que Freud chama de necessidade de "reencontrar" o objeto e não apenas encontrá-lo. A terceira tarefa diz respeito à acuidade da percepção. É preciso medir as deformações sofridas pela representação, comparando-as para certificar-se de até aonde elas vão. O julgar aqui responde a pergunta sobre "o que é mesmo que devo encontrar?".

> *"A primeira e mais imediata finalidade do teste de realidade não é, pois, achar na percepção real um objeto correspondente ao representado, mas reencontrar tal objeto, convencer-se de que ainda existe... A reprodução de uma percepção como representação nem sempre é sua repetição exata e fiel; pode estar modificada por omissões*

> *e alterada pela fusão de distintos elementos. Neste caso, o teste de realidade tem de certificar-se de até onde vão tais deformações."*[206]

Parece-nos que é essa passagem que Laplanche e Pontalis têm em mente quando dizem que Freud promove a possibilidade de se pensar numa psicanálise corretora do "desreal" que habita o indivíduo[207]. Olhando o conjunto do que vimos até aqui em relação ao "teste de realidade" e considerando a liberdade da fantasia em não se submeter a este, não cremos que seja esta a interpretação mais adequada da acuidade da percepção. A idéia de "reencontro" do objeto, no lugar de simples "encontro", permite uma interpretação mais amena.

Em *A negativa*, Freud traz à cena, assim como no *Projeto*, a idéia de um objeto "reencontrado" e não apenas encontrado. Pode-se pensar que Freud se refere a um "reencontro" do objeto de desejo no mundo externo para marcar a diferença entre o externo e o interno. O objeto já se encontra presente no mundo interno sob a forma de representação, de lembrança. É preciso, portanto, reencontrá-lo.

Mas, seguindo a sugestão de Gabbi Jr., com a qual estamos de acordo, também podemos considerar que o objeto a ser encontrado – no caso do aparelho psíquico em formação – é o objeto de desejo instituído pela vivência inicial de satisfação, o seio. E nesse caso, como a representação de objeto é indefinidamente aberta,

> "...teríamos que todo ato psíquico posterior visaria a reencontrar o seio, mas dada as suas condições de representabilidade, parece não existir nada externamente que corresponda à sua representação interna."[208]

O encontro é sempre um reencontro no sentido de achar algo novo, pois o objeto original de desejo está para sempre perdido.

---

[206] *A negativa*, ESB XIX, p. 298.

[207] Laplanche, J.; Pontalis, J.-B., *Vocabulário de Psicanálise*, p. 494, 1986.

[208] Gabbi Jr., O. F., *Notas críticas*, nota 158, p. 147.

O processo de pensar vai ampliar a representação do desejo sem jamais esgotá-la, já que a representação de objeto é aberta. A migração da atenção que tenta estabelecer uma identidade entre o complexo perceptivo e o desiderativo pode acrescentar impressões a este último. Na medida em que não há uma correspondência absoluta entre o objeto percepcionado e o objeto de desejo, o que garante o término da busca pelo objeto que proporciona satisfação é a interrupção do processo de somação (da fome, no exemplo de Freud), a representação de uma sensação corporal.

Freud trabalha com a idéia de que o objeto "reencontrado" no mundo externo se presta à coincidência com o objeto representado no mundo interno após o trabalho do "julgar". Cabe ao julgar não apenas certificar-se das deformações, no caso da discordância, mas permitir que o pensar saia em busca da correção e atinja a coincidência. Poderíamos enveredar por uma discussão sobre o grau de coincidência que se pode atingir entre o objeto desejado e o objeto "reencontrado". Também poderíamos discutir sobre os critérios para se determinar uma referência para a satisfação do desejo, isto é, considerando que não haveria coincidência absoluta entre o objeto externo e o objeto interno, poderíamos pensar sobre o tipo de objeto ou as condições em que um determinado objeto seria capaz de satisfazer o desejo. No entanto, acreditamos que isso foge ao tema de nossa pesquisa. Sabemos que, no *Projeto*, Freud considera como último elemento do circuito desiderativo a representação de uma sensação corporal (de prazer) que indica a interrupção do processo de somação. A recepção contínua de estímulos endógenos pelos neurônios do núcleo do ego estabelece uma tensão que só é interrompida mediante uma intervenção que resulta na eliminação dessa tensão.[209] Em outras palavras, trata-se da cessação da fome, da satisfação do desejo. É essa a garantia de que o objeto foi reencontrado.

[209] Cf. item "A vivência de satisfação" no capítulo 2.

Pensamento

O pensamento segue-se à função de julgamento. Uma vez feita a comparação entre as partes dos complexos desiderativo e perceptivo, é preciso estabelecer um caminho entre as partes díspares dos complexos. O "pensar" designa este caminho.[210]

A função básica do pensamento no teste de realidade é a de adiar, retardar a descarga. Freud às vezes se refere a esse processo como "retardo". Strachey também faz uso desse termo.[211] Mas certamente não é suficiente dizer que a descarga (ou ação motora, como veremos logo adiante) é adiada ou retardada em função do pensar. Devemos nos perguntar como isso acontece. Ao longo de sua obra, Freud ressalta a função do pensar como uma atividade intermediária entre o desejo e a ação, mas com exceção dos textos do *Projeto* e de *A Interpretação dos Sonhos*, nos quais detalha esse processo, Freud limita-se a dizer que o pensar é uma "ação experimental", acompanhada de pequenos deslocamentos de energia, proporcionada pela "atenção". Podemos encontrar essas afirmações em alguns textos metapsicológicos considerados relevantes para o nosso tema, como *Formulações*, *O Ego e o Id* e *Esboço*. No entanto, um texto que não pertence a esse grupo merece uma rápida consideração pela maneira curiosa com que Freud menciona o processo de pensar. Trata-se da *Conferência XXXII*, de 1932. Vale ressaltar que Strachey comenta esse trecho em nota de rodapé, indicando a participação do pensar no teste de realidade. Mas vejamos primeiramente o que diz Freud:

> "*O pensar é um ato experimental executado com pequenas quantidades de energia, do mesmo modo como um general muda pequenas figuras num mapa antes de colocar em movimento seus grandes corpos de tropas.*" [212]

---

[210] *Projeto*, p.146.

[211] Cf. *Nota introdutória ao Suplemento*, ESB XIV.

[212] *Conferência XXXII*, ESB, XXII, p. 112-3.

Em seguida, Strachey comenta:

> *"...A concepção do pensar como uma espécie de ação experimental, em pequena escala – um elemento essencial no "teste de realidade", está entre as teorias primeiras e mais fundamentais de Freud, estreitamente relacionada à distinção que fez entre os processos psíquicos primário e secundário..."*[213]

Em *Formulações*, em 1911, o pensar está listado entre as adaptações sofridas pelo aparelho psíquico na passagem do princípio de prazer ao princípio de realidade. Na passagem a seguir estão presentes tanto a idéia de uma ação experimental, quanto a do adiamento. Acrescenta-se aqui a idéia de que a atenção é condição para que ocorra o pensar. Isso está exposto nas últimas linhas do parágrafo abaixo citado, quando Freud menciona a elevação do nível do processo catexial e a transformação de energia livre em energia ligada.[214] Vimos anteriormente que o estado de energia ligada é o próprio estado de expectativa criado pela atenção e, nesse sentido, é condição tanto para perceber os dados do mundo externo como para dirigir os deslocamentos do ego, que nada mais são se não os processos de pensamento.

> *"O pensar foi dotado de características que tornavam possível ao aparelho mental tolerar uma tensão aumentada de estímulo, enquanto o processo de descarga era adiado. Ele é essencialmente um tipo experimental de atuação acompanhado por deslocamento de quantidades relativamente pequenas de catexia, junto com menor dispêndio (descarga) destas. Para este fim foi necessária a transformação de catexias livremente móveis em catexias vinculadas o que se conseguiu mediante elevação do nível de todo o processo catexial."*[215]

---

[213] *Idem.*

[214] Cf. nossas páginas 70 e 71 do capítulo 3 e a nota de rodapé nº 163.

[215] *Formulações*, ESB XII, p. 280-1.

Nos anos 20, Freud mantém sua concepção sobre o pensar. Vemos em *O Ego e o Id* um exemplo do pensar como intermediário entre o desejo e a ação:

> "*Em virtude de sua relação com o sistema perceptivo, ele* (o ego) *dá aos processos mentais uma ordem temporal e submete-os ao 'teste da realidade'. Interpondo os processos de pensamento, assegura um adiamento das descargas motoras e controla o acesso à motilidade.*"[216]

E, por último, em 1938, no *Esboço*, a idéia se repete:

> "*...sua função construtiva* (a do ego) *consiste em interpolar, entre a exigência feita por um instinto e a ação que a satisfaz, a atividade de pensamento que, após orientar-se no presente e avaliar experiências anteriores, se esforça, mediante ações experimentais, por calcular as conseqüências do curso de ação proposto.*"[217]

Examinemos de perto o que vêm a ser o "retardo" e a "ação experimental".

O retardo

O pensar é um caminho indireto para a descarga. Ele é um desvio, uma alteração do caminho que leva à satisfação imediata. Seu objetivo é adiar a descarga para garantir a satisfação do desejo. Em outras palavras, é preciso ganhar tempo para que o objeto de desejo se encontre realmente presente. O pensar se instalou como uma necessidade de frear a tendência do psiquismo a repetir a vivência de satisfação em quaisquer condições. Conforme vimos no primeiro e

---

[216] *O ego e o id*, ESB XIX, p. 72.
[217] *Esboço*, ESB XXIII, p. 228.

no segundo capítulo, caso não houvesse algum tipo de intervenção, haveria a alucinação da satisfação.

O desejo é descrito no *Projeto* e em *A Interpretação dos Sonhos* como um acúmulo de tensão ou de excitação, sentido como desprazer, e que coloca o aparelho psíquico em movimento com vistas a repetir a experiência de satisfação. Ela resulta numa diminuição da excitação e é sentida como prazer. Havendo o desejo, estabelece-se uma situação de busca do objeto que o satisfaça e ocorre a descarga mesmo que o objeto não esteja presente de fato na realidade. Segundo Freud, somente o desejo pode colocar o aparelho psíquico em movimento.[218]

A função do pensar como retardo é um acesso indireto à realização do desejo.

> "*O pensamento, afinal de contas, nada mais é que um substituto de um desejo alucinatório...*".[219]

O retardo é possível porque há inibição do curso de excitação do desejo, mas ao mesmo tempo há uma meta a ser atingida. Na linguagem do *Projeto*, pode-se dizer que há um neurônio faltante na percepção que deve ser ocupado para se alcançar a identidade desejada entre o complexo desiderativo e a percepção. Consideremos que houve a percepção do seio visto lateralmente, mas que a imagem do objeto de satisfação é a imagem do seio visto de frente. O neurônio faltante na percepção corresponde a essa visão frontal. A dessemelhança entre a visão lateral e a visão frontal dá início ao pensar, mas esse pensar não é aleatório. Ele é dirigido por uma meta. Essa meta é a visão frontal do seio. Para que ela exerça influência sobre o curso do pensar, é preciso que essa imagem esteja ocupada moderadamente, mas de forma constante. Se for ocupada abundantemente,

---

[218] *A interpretação dos sonhos*, ESB V, p. 636.
[219] *A interpretação dos sonhos*, ESB V, p. 604.

ocorre a alucinação. Com a inibição, a catexia é moderada. Os neurônios adjacentes a essa imagem também são ocupados. Cria-se uma rede de facilitações entre os neurônios, que permite a migração da energia da percepção até a imagem desiderativa. Veremos mais à frente como a ação motora pode interferir nesse processo e facilitar o alcance da identidade. O retardo não é sempre um pensar puro. Ao procurar o acesso para o neurônio faltante, pode-se encontrar uma imagem de movimento que, caso seja investida, provoca a realização de um movimento. Freud menciona, por exemplo, o fato de o bebê girar a cabeça para finalmente ver o seio de frente. Isso teria acontecido numa primeira vez por acaso, mas passa a ser registrado como uma imagem de movimento que torna possível o alcance da percepção desejada.[220]

O retardo, como parte de um processo que resulta da inibição, é considerado como "processo secundário".[221] O termo "pensamento" que usamos para designar um processo que faz parte do teste de realidade refere-se ao modo de funcionamento do aparelho psíquico de acordo com o processo secundário. O pensamento, nesse caso, no caminho de ligação entre as idéias, não pode deixar-se extraviar pela intensidade delas. A intensidade é um indicativo de uma condensação[222] e pode servir de obstáculo ao pensar que visa à identidade. O pensar deve se libertar da regulação exclusiva pelo princípio de prazer. Isso significaria deixar-se guiar exclusivamente pela busca do prazer e a fuga do desprazer. Freud

---

[220] *Projeto*, p. 42.

[221] O "processo secundário" se opõe ao "processo primário", entre outras coisas, pelo fato de que, neste último, a energia escorre livremente, passando sem barreiras de uma representação a outra e investe com intensidade as representações ligadas às vivências de satisfação que constituem o desejo. Já no "processo secundário", a energia escoa de modo controlado e investe as representações de maneira estável. Permite o adiamento da satisfação e as experiências que permitem os diferentes caminhos possíveis para realizar o desejo. Cf. Laplanche e Pontalis, *Vocabulário*, verbete "Processo primário, processo secundário", p. 474-5. Cf. também capítulo 2, nota de rodapé 115.

[222] A condensação é um mecanismo do processo primário que pertence ao sistema Inconsciente e indica a apropriação por uma idéia da catexia de várias outras idéias, tornando-a muito intensa.

não prega, entretanto, a abolição completa do afeto no pensar, mas sim a sua restrição a um mínimo. Uma pequena quota de desprazer tem de ser permitida, já que é isso que informa a natureza da lembrança em questão e sua possível inadequação ao fim visado pelo processo de pensamento.[223]

Como podemos ver, retardo denomina um processo complexo que não atende apenas a uma espera desejada, isto é, a espera do aparecimento do objeto de satisfação de desejo no mundo externo. Esse processo promove uma estabilidade e um controle que permitem direcionar as buscas. Essas buscas são as ações experimentais. Apenas não nos deixemos iludir por essa imagem de controle e de estabilidade. Como vimos no final do segundo capítulo, o domínio que o processo secundário exerce sobre o processo primário não é absoluto. Seu papel é menos o de uma contenção do que o de um acompanhamento, que empresta as representações necessárias para a expressão dos conteúdos inconscientes. Os desejos inconscientes do âmago de nosso ser, como Freud colocou, não são passíveis de destruição e nem de inibição. Em alguns casos, entram em contradição com as idéias do sistema Pré-consciente, geram desprazer para esse sistema caso sejam realizados e, portanto, criam a necessidade da "repressão". Algumas lembranças que nunca foram acessíveis ao sistema Pré-consciente liberam afetos que não podem ser inibidos. Nesse caso, há certos afetos que podem se interpolar no caminho do pensar.

O que significa isso em termos de teste de realidade? Na verdade, nada diferente do que vimos sustentando até aqui. Constata-se que existem situações que atrapalham o funcionamento do teste de realidade. O pensar no adulto pode deparar com fatores que o atrapalham. Seu objetivo é evitá-los, mas não há garantia absoluta de que isso ocorra.

---

[223] *A interpretação dos sonhos*, ESB V, p. 641.

A ação experimental

A ação experimental, citada em tantos textos de Freud, como vimos, caracteriza-se por um estado "ligado" de energia que utiliza apenas pequenas correntes em seu deslocamento. Expliquemos. O estado criado pela inibição e pela atenção permite uma estabilidade da energia, isto é, ela se mantém sob controle, sem escoar livre e diretamente pela descarga. Desse modo é possível utilizar-se dela para experimentar constantemente caminhos, enviando e recolhendo catexias. Para isso, é necessário haver o acúmulo de muitas experiências nos sistemas de memória, bem como o registro das associações entre esses materiais mnêmicos. Também é necessário que o acesso a esse material seja livre.

Segundo Freud, seria um dispêndio desnecessário de energia se fossem enviadas grandes quantidades de catexias ao longo das inúmeras vias de pensamento. Elas escoariam sem utilidade e assim diminuiria a quantidade disponível para as ações.[224] A mecânica das ações experimentais resulta em manter a maior parte da energia num "estado de quietação" e em utilizar apenas uma pequena parte no deslocamento.

O pensamento e as representações verbais

Em *Formulações*[225], Freud aventa a hipótese de que o pensar só adquire qualidades perceptíveis à consciência quando se liga a resíduos verbais. Essa idéia é fundamental para a existência do retardo, do adiamento devido ao pensamento. Para o pensamento funcionar como retardo, a função de inibição está operando de modo a permitir

---

[224] *Ibidem*, 637.

[225] Esta idéia já aparecera no *Projeto*, no item 1 da Parte 3 e é retomada em *O Inconsciente*, na seção VII.

a ocorrência do processo secundário. Isso é possível quando, no decorrer do desenvolvimento do aparelho psíquico, os traços de memória da percepção se vinculam às associações de palavras e formam as representações de objeto e de palavra.[226] O pensamento irá se interessar pelos caminhos de ligação entre as representações e não se deixará iludir pela intensidade delas.

No entanto, Freud dirá que através da interposição das representações verbais, os processos internos de pensamento são transformados em percepções. Quando um investimento intenso do processo de pensamento se efetua, os pensamentos são *realmente percebidos* – como se proviessem de fora – e, consequentemente, são considerados verdadeiros. Esse é o mote que Freud freqüentemente usa para invocar a necessidade de o "teste de realidade" distinguir entre o mundo interno e o mundo externo.

Os tipos de pensamento

Na terceira parte do *Projeto*, intitulada "Tentativa de apresentar os processos *psi* normais", Freud esmiúça e amplia o que fez nos itens 16, 17 e 18 da primeira parte: descreve as várias formas do pensar. Ainda que o *Projeto* seja considerado hoje um texto fundamental para se pensar a metapsicologia freudiana, o fato é que Freud jamais voltou a se referir ao processo de pensamento de forma tão pormenorizada quanto o fez no texto de 1895. Para o que nos interessa especificamente, ou seja, o pensar no "teste de realidade", selecionamos aquilo que pode ser compreendido dentro da idéia de retardo e de ação experimental e apresentamos esse material nos itens acima citados.[227] Um dos itens do pensamento, desenvolvido no *Projeto*, engloba a função de julgamento e apresenta idéias que também

[226] Cf. nota de rodapé 89 na p. 40 do capítulo 2.

[227] Para uma sistematização das idéias que Freud apresenta sobre o pensar no *Projeto*, cf. Garcia-Róza (1991) e Corrêa (1999).

foram mencionadas por nós quando do exame dessa função. Como vimos, Freud diz no *Projeto* que o julgamento dá início ao processo de pensar. Na verdade, Freud detalha que existem diferentes tipos do pensar. Podemos citar, por exemplo, o "pensar recordativo" ou "pensar prático", que tem um objetivo prático: estabelecer a identidade para dar início à eliminação. Este tipo de pensamento permanece como a meta final de todos os processos de pensar. Mas há também o "pensar recognitivo" que é independente dessa meta num primeiro momento. Podemos ver nele as características daquilo que Freud chamará de "ação experimental". Segundo Freud, o "pensar recognitivo" é uma preparação para o "pensar prático". Ele tem a tarefa de perseguir as percepções singulares para encontrar, entre todos os caminhos, os mais úteis. Isso se deve ao fato de que, com o aumento de recordações, aumentam os novos caminhos de deslocamento que são possíveis. Esse tipo de pensar realiza uma "missão de reconhecimento", podemos assim dizer.[228]

Ação motora

Sem dúvida, a ação motora é o último elemento do teste de realidade. Ela conduz do pensar ao agir, como diz Freud, em *A negativa*[229]. Se o pensar atinge o estado de identidade e se o julgar decreta a concordância entre o objeto desejado e o objeto percebido, ocorre a ação.

Freud utiliza o termo "ação motora", como parte do teste de realidade, unicamente em *A negativa*. De modo geral, encontramos termos como "movimento voluntário", "motilidade", "inervação motora", "descarga", "eliminação" ou simplesmente "ação". De qualquer modo, Freud tem em mente dois movimentos diferentes. Há uma ação que

---

[228] *Projeto*, p. 100.

[229] *A negativa*, ESB XIX, p. 299.

se constitui em eliminação ou descarga de excitação. Isso ocorre quando o objeto de desejo está presente. É o caso, por exemplo, da ação de sugar o seio, que age sobre o objeto de desejo de modo a usufruir dele – elimina a tensão gerada pela fome. Mas há também uma ação que antecede a esta e que é condição para que ocorra a eliminação da tensão. Freud a descreve como um movimento que modifica a realidade para atingir o objeto de desejo e, aí sim, proceder à eliminação. Essa idéia aparece, por exemplo, quando Freud se refere à atividade do processo secundário. Essa atividade:

> *"...desviaria a excitação surgida da necessidade ao longo de um caminho indireto que, em última análise, através do movimento voluntário, alteraria o mundo externo de uma maneira tal que se tornaria possível chegar a uma percepção real do objetivo da satisfação."*[230]

Em ambos os casos, o efeito da ação sobre a realidade contribui para garantir que se tratava mesmo de uma realidade – algo que se passava fora do organismo – e não de uma alucinação. Mas é claro que isso só é possível porque existiram inibição, atenção, julgamento e pensamento. Esta idéia aparece explicitamente no *Suplemento*.

Em 1917, no *Suplemento*, Freud afirma que o teste de realidade nada mais precisa ser do que um dispositivo pertencente ao sistema Cs. – uma inervação motora – que determina se se pode fazer com que a percepção desapareça, ou se ela oferece resistência.[231] Podemos pensar aqui tanto na percepção do objeto hostil, como na percepção do objeto de satisfação. No primeiro caso, a ação motora ajudaria a se livrar dos estímulos indesejáveis. No segundo caso, se um determinado movimento, o sugar, por exemplo, faz cessar a fome, a percepção desta desaparece e isso atesta a presença real e não apenas alucinatória do seio.

---

230 *A interpretação dos sonhos*, ESB V, p. 637.

231 *Suplemento*, ESB XIV, p. 265.

Assim como os demais elementos do teste de realidade, a ação motora, nesse texto, é apresentada ora relacionada à situação de desenvolvimento do aparelho psíquico, ora referida ao funcionamento no adulto. Além de o *Suplemento*, uma nova referência à ação motora no ego-adulto aparece em *O Ego e o Id.*

Em *O Ego e o Id*, Freud discute o controle da ação motora, atribuído ao ego. Este adia as descargas motoras e controla o acesso à motilidade. No entanto:

> *"Este último poder, com efeito, é mais uma questão de forma do que de fato; no assunto da ação, a posição do ego é semelhante à de um monarca constitucional, sem cuja sanção nenhuma lei pode ser aprovada, mas que hesita longo tempo antes de impor seu veto a qualquer medida apresentada pelo parlamento. Todas as experiências da vida que se originam do exterior enriquecem o ego; o id, contudo, é o seu segundo mundo externo, que ele se esforça por sujeitar a si."*[232]

Essa idéia encaixa-se na linha de raciocínio que vimos desenvolvendo no sentido de mostrar que o teste de realidade não tem uma eficácia garantida em qualquer situação e pode ser, por vezes, inibido em seu funcionamento. Situações em que as exigências do id preponderam sobre as necessidades do ego devem ser acrescentadas à lista de fatores que podem constituir momentos em que o teste de realidade não opera.

Se nos voltarmos agora para a ação motora na perspectiva do desenvolvimento do aparelho psíquico, veremos que Freud trata desse assunto, não apenas no *Suplemento*, mas também em *Formulações* e, é claro, no *Projeto*.

No *Suplemento*, Freud afirma que do ponto de vista genético, o teste de realidade é um dispositivo que relaciona as percepções com a ação muscular do organismo. Ele ajuda no reconhecimento da realidade e na diferenciação entre um "dentro" e um "fora". A ação motora

---

[232] O ego e o id, *ESB XIX, p. 72.*

contribui para a distinção entre um "dentro" e um "fora", na medida que ela promove ou não o desaparecimento da percepção. Se não há desaparecimento da percepção, é porque esta não é real e se origina de dentro do indivíduo. Já uma percepção que desaparece por meio de uma ação é reconhecida como externa, como realidade.[233]

Em *Formulações*, Freud narra a "história" da ação motora em duas etapas. Ela é inicialmente uma descarga motora que,

> "*...sob o predomínio do princípio do prazer, servira como meio de aliviar o aparelho mental de adições de estímulo, e que realiza esta tarefa ao enviar inervações para o interior do corpo (conduzindo a movimentos expressivos, mímica facial e manifestações de afeto).*"[234]

Na passagem do princípio de prazer ao princípio de realidade, "*A descarga motora foi agora empregada na alteração apropriada da realidade; foi transformada em ação.*"[235]

No *Projeto*, Freud descrevia duas formas de ação que podemos considerar precursoras da ação motora. Primeiramente, a descarga motora e, em segundo lugar, a "ação específica". Ambas são uma resposta à tensão gerada pela fome. A descarga motora não tem êxito em aliviar definitivamente a tensão, mas, ainda que de modo não intencional, é bem sucedida na função de comunicação. Os gritos do bebê atraem a atenção de um adulto que o ajudará na realização da ação específica. Com o passar do tempo, os movimentos expressivos do bebê adquirem o significado de chamado e passam da simples descarga à ação.[236]

A ação específica diz respeito a um conjunto de atos que alteram o mundo externo tendo em vista o aprovisionamento de alimento. Inicialmente só pode ser realizada com a ajuda de um "próximo", pois o bebê muito pequeno é incapaz de alcançar sozinho o objeto de

233 *Suplemento*, ESB XIV, p. 265.
234 *Formulações*, ESB XII, p. 280.
235 *Ibidem*.
236 *Projeto*, p. 32.

satisfação. Ele se limita a realizar um movimento reflexo, o de sugar, quando o seio já se encontra presente. Mais tarde terá a possibilidade de ir ao encontro desse objeto.

Freud considera a ação específica como uma intervenção na realidade ainda que o bebê não a realize sozinho. Com o passar do tempo, a ação específica se torna, mais fácil de ser realizada. Contribui, para isso, a transformação do grito em chamado – como vimos acima – e a descoberta do movimento que modifica a realidade e com isso aproxima o objeto de desejo. No *Projeto*, essa idéia aparece com relação ao movimento de cabeça que o bebê realiza e com isso alcança a identidade entre o objeto percebido e o objeto desejado. Obviamente este movimento é encontrado, originalmente, de maneira acidental e não intencional. A imagem de movimento ficou registrada entre a imagem perceptiva do seio lateral e a imagem perceptiva do seio frontal que coincide com a imagem desejada. Aos poucos o bebê aprende que, se ocupar essa imagem de movimento e, se o movimento de fato se realizar, alcançará a identidade desejada e, aí sim, pode dar início ao sugar. Segundo Corrêa,

> "*Devemos notar que o ganho biológico provocado pelo movimento da cabeça é bem pequeno, mas ele existe e é o protótipo de toda ação do eu que visa a transformar a realidade percebida na realidade desejada.*"[237]

Na medida em que alcança o objeto de satisfação sem a ajuda de um "próximo", pode-se dizer que o bebê realiza uma ação motora. Mas é claro que, todas as vezes em que ocorreu o sugar acompanhado de satisfação e cessação do estímulo, tratava-se de algo que preparava a ação motora. Pois, já que esta ação, que produzia efeito sobre os estímulos, ajudava na distinção entre mundo interno e mundo externo, parece-nos caber falar numa ação precursora da ação motora, preparando de algum modo a instalação do teste de realidade.

---

[237] Corrêa, p. 85,1999.

Síntese

Examinamos ao longo deste capítulo três elementos que compõem o teste de realidade: julgamento, pensamento e ação motora. Vimos entre as atividades do julgamento a substituição da repressão pelo "dizer não", a decomposição do ego e dos complexos perceptivos em *coisa* e *predicado* e a comparação entre representação e percepção. Em suas descrições, tanto no *Projeto* como em *A negativa*, Freud enfatiza o momento inicial da função de julgamento. Isso nos ajuda a compreender o surgimento do teste de realidade. Mas também percebemos a importância do julgamento no teste de realidade executado pelo ego-adulto quando examinamos a função de comparar.

Quanto ao pensamento, examinamos o modo pelo qual se dá a função de retardo, que, no que diz respeito ao teste de realidade, é essencial. O retardo, além de proporcionar o adiamento da descarga até que o objeto de satisfação esteja presente no mundo externo, promove uma estabilidade e um controle que permitem direcionar as buscas através das ações experimentais.

No que diz respeito à ação motora, vimos seu papel como último elemento do teste de realidade, que põe, ou não, fim aos estímulos que agem sobre o indivíduo. Vimos ainda a importância que Freud concede à idéia de uma ação que modifica a realidade de modo a alcançar o objetivo almejado.

Diferentemente dos capítulos anteriores, não constatamos com respeito aos três elementos examinados descrições de situações em que o teste de realidade não opera. Uma exceção é a menção à possibilidade de que as exigências do id preponderem sobre as necessidades do ego quanto ao controle do acesso à motilidade. Podemos afirmar que, de modo geral, Freud limita-se à descrição do funcionamento normal desses três elementos.

Conclusão

Ao final de nossa pesquisa, parece-nos que foi possível encontrar uma teoria coerente sobre o teste de realidade na obra de Freud. Certamente o caminho se tornou mais difícil ao nos depararmos com o fato de que Freud se dedica com mais vigor à descrição de processos psíquicos que permitem a compreensão de quadros patológicos do que à descrição de processos normais e absolutamente cotidianos, como o do teste de realidade.

As referências diretas ao teste de realidade, na obra de Freud, contêm pouca informação sobre o modo como ele opera, sobre os elementos que o compõem e sobre a sua origem. No entanto, Freud o considera fundamental para a vida prática. Nesse sentido, esperamos que o trabalho de exploração desse conceito, que acreditamos ter realizado, possa ser útil para esclarecer questões sobre a natureza do teste de realidade, sobre como se origina, como atua no indivíduo adulto e em que situações deixa de funcionar.

As respostas a essas perguntas foram encontradas principalmente nos textos metapsicológicos que, apesar de se estenderem do *Projeto*, de 1895 ao *Esboço*, de 1938, mantêm uma coerência no que diz respeito à idéia de um dispositivo que permite que se opere a distinção entre o mundo interno e o mundo externo.

A pretensa incoerência apontada por Laplanche e Pontalis na concepção freudiana de teste de realidade deve-se, a nosso ver, a uma interpretação equivocada desse conceito. O teste de realidade não é propriamente um teste ou uma prova, não é critério de diagnóstico no sentido de se conseguir ou não evitar a alucinação na atualidade. Nesse sentido, não há por que dizer que ele falha quando deveria funcionar para impedir a alucinação.

A conexão entre o teste de realidade e a alucinação existe, mas diz respeito ao desenvolvimento do aparelho psíquico no bebê. Ao longo de nossa pesquisa, procuramos apontar esse fato por diversas vezes. O teste de realidade no bebê aparece com o objetivo de servir de freio à satisfação alucinatória do desejo, que levaria à indistinção entre representação e percepção. Os textos do *Projeto*, de *A Interpretação dos Sonhos* e das *Formulações* são os que melhor propiciam uma compreensão do surgimento do teste de realidade e nos permitem, ainda, delimitar os elementos que o compõem.

A escolha dos elementos inibição, atenção, julgamento, pensamento e ação motora deveu-se ao fato de que eles podiam ser encontrados tanto na origem do teste de realidade no bebê, quanto no seu funcionamento no adulto. Basicamente, no adulto, o teste de realidade diz respeito a um modo de funcionamento do aparelho psíquico que é o do "processo secundário", acrescido da ação motora.

No *Suplemento*, Freud apontou que, do ponto de vista genético, o teste de realidade é um dispositivo que relaciona as percepções com a ação muscular do organismo. Essa é uma idéia interessante para se pensar o teste de realidade de modo geral, já que é possível atribuir a ele a organização de uma conexão entre percepção e ação, que implica em: a) interromper o processo primário (inibição); b) preparar a percepção (atenção); b) avaliar e comparar a percepção com a representação (julgamento); c) esperar e pesquisar modos de atingir o que se deseja (pensamento) e d) transformar a realidade e/ou processar a descarga alcançando a satisfação real (ação motora).

Paralelamente ao funcionamento normal do teste de realidade, que foi explorado através de cada um dos elementos que o compõem, seja no bebê, seja no adulto, deparamo-nos com descrições de situações em que isso não ocorre. Em algumas dessas situações, Freud é específico, mostrando, por exemplo, como não é possível submeter certos processos psíquicos à função de inibição. Da mesma forma, cita momentos em que o mecanismo de atenção é desativado por falta de investimento por parte do ego. Num plano mais geral, Freud menciona situações em que o teste de realidade não opera, sem entrar no mérito de apontar o que pode estar ocorrendo com seus componentes. Como se trata de um dispositivo egóico, fica sujeito às inúmeras alterações e pressões que este sofre. Vimos, dessa forma, que o teste de realidade não funciona durante o estado de sono, nos sonhos, na hipnose, na paixão (avassaladora), na situação de "massa", durante a alucinação psicótica e em momentos em que predomina a fantasia.

Procuramos, em nossa pesquisa, não perder de vista modificações importantes na obra de Freud que poderiam introduzir alterações no conceito de teste de realidade. Percebemos, no entanto, que as mudanças relativas ao conceito de ego, assim como as novas concepções relativas à percepção não interferiram na idéia fundamental de que existe um dispositivo – o teste de realidade – capaz de realizar uma distinção entre mundo interno e mundo externo. A contribuição trazida por essas mudanças teóricas vem no sentido de aumentar e detalhar o campo das situações em que o teste de realidade não opera.

Convém lembrar aqui a constatação que fizemos quanto à posição de Freud sobre o teste de realidade como necessário, por um lado, e "enfadonho", por outro. Freud sugere como solução, que nos entreguemos, por vezes, ao atrativo do absurdo, ao devaneio, à fantasia – essa atividade mental na qual todas aquelas fontes de prazer e aqueles métodos de conseguir prazer, que haviam sido abandonados, têm assegurada sua sobrevivência, embora isso não interfira com o conhecimento de que se trata de algo não-real.

Uma objeção poderia eventualmente ser feita contra nossa interpretação do teste de realidade de Freud, invocando uma passagem do *Projeto* que, aliás, citamos em nosso quarto capítulo, e que diz:

> "*Se, após a conclusão do ato de pensar, chegar o signo de realidade para a percepção, obtém-se o juízo de realidade para a percepção, a crença, e alcança-se a meta da totalidade do trabalho.*"[238]

Tal objeção poderia invocar a seu favor um autor como Gabbi Jr. Com efeito, Gabbi Jr., que traduz e comenta o *Projeto*, afirma que a constatação de que se trata de uma percepção e não de uma recordação significaria apenas que o aparelho psíquico conseguiu estabelecer que está percebendo e não recordando. Freud não estaria afirmando com isso a existência do objeto externo, mas apenas a crença em sua existência. Apesar de o processo de pensar visar estabelecer se o objeto de desejo está presente, isto é, ter como meta afirmar a existência externa de objetos, Freud não pensaria que sejamos capazes de tanto. No máximo podemos aspirar a estabelecer uma crença na existência do objeto externo.[239] Segundo Gabbi Jr, essa tese é emprestada da filosofia de John Stuart Mill, para quem os objetos externos só podem ser objeto de uma crença e não se pode estabelecer de forma absoluta a sua existência.

A objeção poderia ainda invocar, também a seu favor, um texto de Loffredo. Essa autora retoma a idéia de que Freud herda de Mill a concepção de que não é possível emitir juízos de certeza ou prova em relação ao objeto. Diz ela:

> "*Se o objetivo de todo o pensar é levar a um estado de identidade, a argumentação do* Projeto *é articulada para mostrar como cessa a alucinação, isto é, em que momento se opera uma inibição por parte do eu. Freud então não se refere à existência do objeto, mas*

---

[238] *Projeto*, p. 46 Os destaques são de Freud.

[239] Gabbi Jr., O. F., *Notas críticas*, nota 150, p. 145 e nota 181, p.152.

à sua crença, o que supõe não ser possível emitir juízos de certeza ou prova em relação a ele. Isso é retirado, ao que tudo indica, diretamente de Mill, e poderia revelar a posição oscilante de ambos entre um realismo e um idealismo."[240]

Uma idéia que se poderia também introduzir para sustentar uma eventual posição idealista de Freud é a de que não existiria um acesso direto à realidade, na medida em que tudo se passa em *psi*, o sistema de memória. O que Freud chama de percepção – quando se trata de distinguir entre representação e percepção – é o que se registra em *psi* como percepção, é o complexo perceptivo. O sistema da percepção, *phi*, apresentado no início do *Projeto*, é permeável à passagem de quantidade e com isso não gera registro. O registro de fatos percebidos, mesmo os percebidos em tempo presente, ocorre em *psi*. É a esse registro que conferimos crédito antes de iniciar a eliminação que proporcionará a satisfação.

Se a postura de Freud em passagens como aquela é idealista, concluiria a objeção, isso conflita com a importância e lugar conferidos por nossa pesquisa ao teste de realidade e pareceria pôr bastante em xeque a nossa interpretação. Como se trata de um dispositivo que permite discriminar entre mundo interno e mundo externo, ele contribui para afirmar a existência do mundo externo. Ora, se, de acordo com a postura idealista, não é possível afirmar a existência do objeto na realidade, mas apenas a crença em sua existência, que sentido há em se discriminar o "dentro" e o "fora"? Como é possível dizer que a ação motora põe fim aos estímulos externos se não se pode afirmar a existência desses estímulos como externos?

Ainda assim nos parece possível manter a idéia de que o conceito de teste de realidade se sustenta dentro da teoria freudiana. Mesmo que não possamos estabelecer de forma absoluta a existência dos

---

[240] Loffredo, A. M., "Em busca do referente, às voltas com a polissemia dos sonhos: a questão em Freud, Stuart Mill e Lacan" *Psicologia USP: O Inconsciente*, v. 10 – Número 1, 1999, p. 178.

objetos externos, efetuamos uma distinção interna à nossa visão de mundo, entre realidade e imaginação, entre o "fora" e o "dentro". Não importa se não somos capazes de provar a existência das coisas e se, no máximo, cremos em sua existência. Apesar disso existe em nós uma função que nos dá uma informação diferenciada entre algo que se passa "dentro" de nós, como os pensamentos, e algo que se passa "fora" de nós, como as coisas vistas ou escutadas. Conforme dissemos anteriormente, ainda que não se possa falar num referente externo, num objeto na realidade ao qual teríamos acesso direto e que correspondesse em termos absolutos ao objeto de desejo, existe algo que é possibilitado pelo teste de realidade. Este algo é precisamente aquela divisão entre um "dentro" e um "fora", entre "interno" e "externo". E esse algo também nos permite viver de acordo com o que acontece "fora", em caso contrário, não sobreviveríamos.[241]

No entanto, é possível contestar a idéia de um Freud idealista. Lembremos, com efeito, que a grande maioria dos textos que citamos ou comentamos ao longo de toda a nossa pesquisa nos mostra um Freud que assume tranqüilamente a realidade de um mundo exterior. Retomemos duas passagens em que essa posição é enfaticamente expressa. Em *A Interpretação dos Sonhos*, Freud nos diz:

> "*A fim de chegar a um dispêndio mais eficaz da força psíquica, é necessário deter a regressão antes que ela se torne completa, de maneira a que não avance além da imagem mnemônica e seja capaz de buscar outros caminhos que finalmente a conduzam à desejada identidade perceptiva que está sendo estabelecida a partir do mundo externo.*"[242]

E, no *Suplemento*:

> "*Uma percepção que desaparece por meio de uma ação é reconhecida como externa, como realidade; nos casos em que tal ação não*

[241] Cf. capítulo 2, nota de rodapé 89, p. 40.
[242] ESB V, p. 603.

tem influência, a percepção se origina dentro do próprio corpo do indivíduo – não é real. É valioso para o indivíduo possuir um meio como esse, que lhe permita reconhecer a realidade, que ao mesmo tempo o ajude a lidar com ela..."[243]

Poder-se-ia insistir que, ao menos naquela passagem do *Projeto* sobre juízo de realidade e crença, a postura de Freud seria idealista. No entanto, acreditamos que quando Freud diz que ao "... *chegar o signo de realidade para a percepção, obtém-se o juízo de realidade para a percepção, a crença,...*", ele está descrevendo transformações e eventos do nosso aparelho psíquico e essa sua sentença não implica que juízo e crença possam não estar correspondendo a uma realidade externa ou que não haja adequação objetiva desse juízo e crença à realidade externa. Freud preocupa-se em mostrar como se constrói a crença do sujeito na realidade dos objetos externos. Nada é dito que seja incompatível com uma posição realista.

E cabe recorrer aqui a uma passagem retirada do *Esboço* de 1938, que nos esclarece quanto à concepção filosófica de Freud:

> *"Em nossa ciência, tal como nas outras, o problema é o mesmo: por trás dos atributos (qualidades) do objeto em exame que se apresenta diretamente à nossa percepção, temos de descobrir algo que é mais independente da capacidade receptiva particular de nossos órgãos sensoriais e que se aproxima mais do que se poderia supor ser o estado real das coisas. Não temos esperança de poder atingir esse estado em si mesmo, visto ser evidente que tudo de novo que inferimos deve, não obstante, ser traduzido de volta para a linguagem das nossas percepções, da qual nos é simplesmente impossível libertar-nos. (...) A realidade sempre permanecerá sendo incognoscível. O rendimento trazido à luz pelo trabalho científico de nossas percepções sensoriais primárias consistirá numa com-*

---

[243] ESB XIV, p. 265.

> *preensão interna* (insight) *das ligações e relações de dependência presentes no mundo externo, que de algum modo podem ser fidedignamente reproduzidas ou refletidas no mundo interno de nosso pensamento e cujo conhecimento nos capacita a "compreender" algo do mundo externo, prevê-lo e possivelmente alterá-lo*".[244]

Vemos que o realismo de Freud é algo sofisticado e nem um pouco ingênuo. Não podemos apreender em si mesmo o estado real das coisas, mas podemos descobrir por trás do que se apresenta diretamente à nossa percepção algo que é mais independente de nossa capacidade receptiva. É possível ter uma "compreensão" interna do mundo externo, isto é compreender ligações e relações presentes no mundo externo que de algum modo se reproduzem ou refletem no mundo interno de nosso pensamento. Então, quando o teste de realidade funciona e cremos que o objeto está aí e se produzem em nós o juízo de realidade e crença na realidade, parece caber dizer que se trata de crença e juízo adequados por meio dos quais o real externo é refletido no mundo interno de nosso pensamento.

Por último, respondendo a uma outra possível objeção à nossa pesquisa, já que mencionamos muitas situações em que o teste de realidade não opera, como seria possível saber, a cada instante, se o teste de realidade funciona ou não, se estamos loucos ou não? Freud jamais pretendeu responder a essa pergunta "metafísica". Seu intuito era o de fazer ciência, e não filosofia. Exigir que o teste de realidade não falhe significa exigir que o indivíduo responda a cada vez se está ou não sonhando, ou se está ou não alucinando.

[244] *Esboço*, ESB XXIII, p. 225-6.

REFERÊNCIAS BIBLIOGRÁFICAS

As obras de Freud são citadas conforme a *Edição Standard Brasileira das Obras Psicológicas Completas de Sigmund Freud*, 24 volumes, Rio de Janeiro, Imago Editora, 1977. Abreviação: ESB. Os algarismos romanos indicam o volume. Também foram consultadas as seguintes edições: *Obras Completas*, 3 volumes, Madrid, Editorial Biblioteca Nueva, 1967 e 1968; *Obras Completas de Sigmund Freud*, 23 volumes, Buenos Aires, Amorrortu, 1986, e *Studiensausgabe*, 12 volumes, Frankfurt, S. Fischer, 1982.

FREUD, S. (1891) *A interpretação das afasias*, Trad. de Antonio Pinto Ribeiro, Lisboa, Edições 70, 1977.

_________ (1900) *A interpretação dos sonhos*, ESB IV e V.

_________ (1905) *Três ensaios sobre sexualidade*, ESB VII.

_________ (1911) *Formulação sobre os dois princípios do funcionamento mental*, ESB XII.

_________ (1914) *Sobre o narcisismo: uma introdução*, ESB XIV.

_________ (1915) *O inconsciente*, ESB XIV.

_________ (1915) *Os instintos e suas vicissitudes*, ESB XIV.

FREUD, S. (1916-1917) *Conferências de introdução à psicanálise*, ESB XVI

________ (1917) *Suplemento metapsicológico à teoria dos sonhos*, ESB XIV.

________ (1921) *Psicologia de grupo e a análise do ego*, ESB XVIII.

________ (1923) *O ego e o id*, ESB XIX.

________ (1924) *Neurose e psicose* (1923), ESB XIX.

________ (1924) *A perda da realidade na neurose e na psicose*, ESB XIX.

________ (1925) *O bloco mágico* (1924), ESB XIX.

________ (1925) *A negativa*, ESB XIX.

________ (1927) *O fetichismo*, ESB XXI.

________ (1932-1933) *Novas conferências introdutórias sobre psicanálise*, ESB, XXII.

________ (1937) *Análise terminável e interminável*, ESB XXIII.

________ (1939) *Moisés e o monoteísmo* (1934-1938), ESB XXIII.

________ (1940) *Esboço de psicanálise* (1938), ESB XXIII.

________ (1940) *A divisão do ego no processo de defesa* (1938), ESB XXIII.

________ (1950) *Projeto para uma psicologia científica* (1895), ESB I.

________ (1950) *Projeto de uma psicologia*, Trad. de Osmyr Faria Gabbi Jr., Rio de Janeiro, Imago Editora, 1995.

________ (1950) *Extratos dos documentos dirigidos a Fliess* (1887-1902), ESB, I.

_________ (1950) *Correspondência com Wilhelm Fliess* (1887-1902), in *As origens da psicanálise*, Madrid, Editorial Biblioteca Nueva, volume III, 1968.

ABEND, S. *et al. The place of reality in psychoanalytic theory and technique*, Psychoanalytic Quarterly, New York, 1996.

BASTOS, L. A. M., *Eu-corpando, o ego e o corpo em Freud*, São Paulo, Editora Escuta, 1998.

BOTELLA, C. E BOTELLA, S., "Le statut métapsychologique de la perception et l'irrepresentable", *Revue Française de Psychanalyse*, Paris, P.U.F., 1 – 1992.

BOTELLA, C. E BOTELLA, S., "Du perceptif aux causalités psychiques", *Revue Française de Psychanalyse*, Paris, P.U.F., 2 – 1995.

CORRÊA, F.S., *As teorias da vivência de dor e da vivência de satisfação no "Projeto de uma Psicologia", de Freud,* 1999, (Dissertação) Mestrado, Instituto de Filosofia e Ciências Humanas, Unicamp.

GABBI JR., O. F., "Notas críticas sobre *Entwurf einer Psychologie*" in *Projeto de uma Psicologia,* Rio de Janeiro, Imago, 1995.

_________ *Freud, racionalidade, sentido e referência*, Coleção CLE – Vol. 13, Campinas, Unicamp, 1994.

GARCIA-ROZA, L. A., *Freud e o inconsciente*, Rio de Janeiro, Zahar Editores, 1983.

_________ *Introdução à metapsicologia freudiana 1*, Rio de Janeiro, Jorge Zahar Editor, 1991.

HANNS, L., *Dicionário comentado do alemão de Freud*, Rio de Janeiro, Imago, 1996.

HURVICH, M. "On the concept of reality testing", *International Journal of Psychoanalysis*, New York, v. 51, p. 299-312, 1970.

LAPLANCHE, J., *Vida e Morte em Psicanálise*, Porto Alegre, Editora Artes Médicas, 1985.

LAPLANCHE, J.; PONTALIS, J.-B., *Vocabulário de Psicanálise*, São Paulo, Martins Fontes, 1986.

LOFFREDO, A. M., "Em busca do referente, às voltas com a polissemia dos sonhos: a questão em Freud, Stuart Mill e Lacan", *Psicologia USP: O Inconsciente*, v. 10 – Número 1, p. 178, 1999.

MONZANI, L.R., *Freud: o movimento de um pensamento*, Campinas, Editora da Unicamp, 1989.

NASCIMENTO, M.B., La constitution de la realité chez le sujet humain: psychisme, réel et épistémologie. Paris, 1998. 132p. D.E.A. de Psychanalyse – Departement de Psychanalyse, Université de Paris VII.

ROAZEN, P., *Como Freud trabalhava – relatos inéditos de pacientes,* São Paulo, Companhia das Letras, 1999.

SOUZA, P.C., *As Palavras de Freud – o vocabulário freudiano e suas versões*, São Paulo, Editora Ática, 1998.

STRACHEY, J., "Introdução do editor inglês", in FREUD, S., *Projeto para uma psicologia científica*, ESB I.

________ "Nota do editor inglês", in FREUD, S. e BREUER J., *Estudos sobre a histeria*, ESB II.